T0124806

(20) caput. De iis qui donaria offerunt ecclesiae ut sacra cele-brentur pro eorum defunctis; instructio quomodo ea accipere opor-teat.

(21) caput. Instructio ad fratres facta quomodo oporteat memo-riam mei et defunctorum meorum agapenque recordationis meae [5] necnon largitiones pauperibus facere.

(22) caput. De defunctis hegumenis et fratribus monasterii, quo-modo memoriam eorum agenda sit cum sanctae missae celebratione atque oratione.

* p. 6   * (23) caput. Ne mulier monasterium nostrum ingrediatur, neve [10] unquam coenobium sanctimonialium intra eius fines aedificetur.

(24) caput. Ne in monasterio nostro presbyter graecus et mona-chus collocetur et qua de causa sic agitur.

(25) caput. De consanguineis et servis nostris Iberis qui ad ordi-nem monachicum venient, quomodo ab archimandrita et fratribus [15] suscipiendi sint, aut quomodo illi debeant se gerere et communitati ministrare.

(26) caput. De ratione putanda et de calculo ponendo cum oeconomis aliisque officialibus ab hegumeno et cum hegumeno a fratribus. [20]

(27) caput. De commemoratione communi omnium fratrum defunc-torum, ut sine intermissione animae defunctorum commemorentur cum oratione et missae celebratione.

(28) caput. De nosocomio monasterii, quomodo eis (aegrotantibus) cum lenitate ac suavitate consulendum sit. [25]

(29) caput. Quam ob rem aedificata sint a me xenodochia quae sunt hospitia Stenimachi, Marmari et Prilonghi, et quomodo ordi-nata sint.

(30) caput. De primo a me constituto hegumeno Gregorio Vanensi, quomodo constituendus sit eius successor et quo die. [30]

* p. 7   (31) caput. De pueris diaconis, ubi ii debeant commorari * et quomodo instrui ac postea ingredi monasterium et de sacerdote qui habitet in Sancto Nicolao.

(32) caput. Ne hegumenus stipendia concedat cuidam fratri vel alii cuicumque ut ea teneat in ditione aut aliquid venumdet ecclesiae [35] proventuum.

(33) caput. De libro hoc disciplinae perattente custodiendo, qui est Charta Typici, et quomodo oporteat eam legi.

fortes manu sumus atque re militari educti et durae vitae assuefacti,
nunc autem ad hanc regulam monasticam accedentes extra civitatem
mansionem habemus [1] procul mundo et mundanis, in hoc tam amoeno
eremo qui plenus est multorum bonorum, id est, multarum ac
iucundarum aquarum et fontium, in quibus multi habentur optabiles   5
* p. 3 pisces, * atque varii generis fructuum, pomorum et vinearum ac hor-
torum diversae speciei, necnon omnium aliarum rerum, quibus indi-
gent monachi, nonne magis suscipienda et custodienda erit nobis
regula illa ab eis praescripta?

5. Nisi tamen contingat, quod ego nolim, ut aliquis, praeter hanc   10
a nobis datam institutionem venerabilis monasterii Panagii, lascivio-
rem ac faciliorem vitam desideret maioremque quietem cupiat, ii
laeti eo abeant ubi inveniant desiderium cordium suorum, quoniam nec beati illi vitam praedicaverunt angustam, sed ut viam
teneamus mediam.   15

6. Nunc ergo ordo hic coenobiticae disciplinae libri quem elegi-
mus et ex supra dicti venerabilis monasterii Panagii regula trans-
tulimus aliaque pauca, quae nos addidimus et eo inseruimus, haec
sunt quae singillatim declarant in fronte indicti capitum numeri.
Sic porro eo instituimus ut omnis cuiusque gradus investigator   20
suo tempore facile possit quaesitum suum invenire.

7. (1) caput. Quomodo vel quibus facultatibus erectum sit venerabile hoc Iberorum monasterium.

(2) caput. Qualia vel cuius generis dona et loca data sint huic
sanctae Ecclesiae.   25

(3) caput. De immunitate coenobii nostri ab omnibus tributis
regiis et pontificalibus atque ab impensis erogandis ex meis et fratris
mei Abasii comparationibus quae sunt mobiles et immobiles et se
ipsas moventes.

* p. 4 (4) caput. De unitate et vita coenobitica fratrum * conventus et 30
de prohibitione vitae in cellis solitariae et de eo quod eis non liceat
ad usum proprium aliquid sibi curare aut in cellis suis cibum conficere.

(5) caput. De hegumeno monasterii, quomodo ille eligendus et
confirmandus sit, et de ritu quo post primum (hegumenum) eius   35
successor constituendus sit in eodem munere monasterii.

---

[1] Cfr Hebr., XIII, 13-14.

1. Gloria salvatori soli Deo nostro : Patri principio carenti et eius Filio unigenito et vivificanti sanctissimo Spiritui eius qui dat verbum magna cum vi annuntiantibus.

2. Nunc autem incipiamus in Deo componere definitionem hanc monasticam et praeceptum canonis pro unā vitam acturis factis monachis qui habitaturi sunt in nomen sanctissimae reginae nostrae Dei Genitricis aedificatum Iberorum monasterium Petrizoni; quae (regula) conscripta et approbata est me iubente Gregorio, benevolentia Dei sebasto et magno domestico Occidentis, filio beati archiducis Bacuriani orientalis et iberici. Qui ego quidem aedificator sum primum memorati nuperrime constructi monasterii et loci in eo sepulturae et quietis meae — quod monasterium nomine dato vocatur de nomine sanctissimae Dei Genitricis Mariae — atque pulchre compositi sancti templi et vere tabernaculi Dei gloriae. Quae (ecclesia) in eo erecta est ut in auxilium et commendationem et in salutem et opem(?) sit mihi qui venumdatus sum peccatis, et fratri meo germano beato Abasio magistro.

* 3. Cum enim amore et fraternitate spiritali prosequebar monas- *** p. 2** terium Panagii venerabile quod est intra urbem a Deo custoditam Constantinopolim, novam illam Romam, et valde mihi placebant et rata erant eorum ordo et regula monastica, vita monachalis et disciplina quae apud eos vigebant, propterea volui et ego eodem modo, eodem ordine eaque regula instituere hoc quoque monasterium nostrum et ecclesiam omni cum observantia ecclesiastica; et ut cum hegumenus noster tum alii fratres omnes vitam ea ratione degant qua vivunt inhabitantes supra dictum monasterium iuxta totam eorum regulam, quam his actis conscribere intendimus.

4. Si enim iis, qui natura cives, quondam vitae bonae assueti et molliter educati sunt, in tali et tanta civitate incolis abundanti, grata est huiusmodi lex ab eorum fundatore condita, et illi firmiter ac inconcusse tenent hoc eis traditum institutionis eorum sancitae depositum, et nunc nos quoque ipsi Iberi, o patres et fratres, qui in hoc monasterio habitamus, dum, in mundo degentes, origine

INTRODUCTIO

Textus ibericus huius versionis continetur in manuscripto n. 581 anni 1702, quod asservatur in Bibliotheca Nationali Sofiae in Bulgaria. De eo iam fusius locuti sumus in praefatione ad textum.

Quoad versionem latinam haec dicenda esse existimanus. Propter typici indolem peculiarem eiusque textus unicitatem in litteris georgianis necnon ob non paucos terminos sic dictos technicos e vita sociali, administratione, iure rebusque nummariis quos a graeco Iberus simpliciter mutuatus est, versio difficillima evasit, eo magis quod de sensu genuino terminorum saepe non clare constat, deficientibus lexicis congruis et adaequatis graecitatis aetatis byzantinae. Interdum etiam nonnulla verba iberica, quae in hoc textu prima vice, nisi fallor, occurrunt, tanta obscuritate laborant ut eorum translatio genuina impossibilis videatur. Propterea quaedam eorum in vertendo immutata reliquimus, exspectantes maiorem claritatem e temporum decursu.

Instituta comparatione textus graeci cum textu iberico, dicendum est neutrum textum videri versionem esse alterius, sed utrumque liberam elucubrationem esse earundem fere rerum, dum auctor amplificat aut restringit hic graecum illic ibericum textum, atque cum uterque textus mutilus sit, unus feliciter alterum complet. Viget tamen magna discrepantia inter eos a pagina 125, et a pagina 130_{1-5} textus iberici pars liturgica omnino desideratur in graeco.

In vertendo nobis magnae utilitati fuerunt opera Franscici Dölger, *Beiträge zur Geschichte der byzantinischen Finanzverwaltung, besonders des 10. und 11. Jahrhunderts (Byzantinisches Archiv, 9)*, Leipzig-Berlin, 1927; Eiusdem, *Aus den Schatzkammern des heiligen Berges, Textband*, München, 1948; Φ. Κουκουλές, Βυζαντινῶν βίος καὶ πολιτισμός, II, Athenis, 1948.

8. Benedictus est omnino Christus Deus noster nunc et semper et in saecula saeculorum. Amen.

(1) CAPUT

ET VERBA INTRODUCTIONIS DE ERIGENDO HOC SANCTO MONAS-
5 TERIO.

9. Quoniam vere expedit et aequum est in universum omnibus christianis orthodoxis, qui baptizati sunt in nomine Patris et Filii et Spiritus Sancti, communem illum omnium hominum finem exspectare et diei mortis suae curam et in mortuorum resurrectionem spem
10 habere atque timendum illud et tremendum discrimen recordari iudiciorum Christi Dei et Salvatoris nostri veridicorum de unoquoque nostrum et secundum uniuscuiusque nostrum opera veram retributionem; cui debemus omnibus nostris viribus studere et consulere, dum hac in vita sumus, ut omnibus viribus nostris properan-
15 ter enitamur tremendas illas effugere * aeternas poenas ignemque   * p. 8
gehennae et secundum mandati vocem sancti Evangelii hicce dare pro nobis et compensare Deo pretium redemptionis bonum ut coram Deo sit veluti momentum quoddam paululum ei porrectum quo digni efficiamur inaccessibilia philanthropiae eius bona attingere et hoc
20 modo nobis bona opera pro facultate singulorum comparare et hac ratione laborantes de hoc mammona iniquitatis facere nobis amicos rationabiles qui nos recipiant[1] in saeculum venturum, ut haec omnia sic pertractantes, divina attacta hereditate, una cum eis plane digni sumus qui a Christo remissionem peccatorum consequamur.
25 **10.** Quibus consideratis ego Gregorius supra dictus sebastus et magnus domesticus, nimis peccator et indignus servus Christi, vidi me a pueritia mea usque ad senectutem vanum ac vacuum omnibus bonis operibus, tantummodo dignum vera et orthodoxa christianorum fide Iberorum factum qui eam ex aequo et indivise tenent una
30 cum firma fide et confessione verorum generis Graecorum. Et quamquam ab initio cupiebam et adhuc in Oriente vitam degens usque ad tempus quo sedem in Occidente collocaveram, cogitabam quomodo ecclesiam et monasterium conderem ut sepulturae et requiei essent scelestis ossibus meis, attamen propter peccata mea multa
35 et ob inconstantiam huius mundi operum, necnon ob meam propen-

---

1 Cfr *Luc.*, XVI, 9.

sionem amoremque in sollicitudines rerum labentium, non dignus
inventus sum usque adhuc exsequi cogitatum meum.

* p. 9   **11.** * Nunc vero hora senectutis meae, nullo pacto cum mea
sapientia atque scientia aut intelligentia, sed magis innumerabili
et ineffabili philanthropi Dei nostri benignitate et miseranti aspec-   5
tu in me indignum atque omnino inutilem servum suum, paulum
quidem excitatus sum ex huius labentis mundi aerumnis et recorda-
tus diem meum supremum atque instantem operum meorum retri-
butionis terrorem · metumque, et sicut iam dixi, considerans me
inanem ac vacuum omnibus Deo gratis operibus, propterea invoca-   10
vi meam omniumque peccatorum spem ac post Deum refugium et
salutem christianorum, super omnes benedictam Christi Dei nostri
matrem semper virginem Mariam, omnino sanctam Dei genitricem,
et una · cum ea caelitus mirabilem magnum illum praecursorem ac
Baptistam Christi inter natos mulierum multo maiorem sanctum   15
Iohannem [1], similiterque ipsum instar fulgoris micantem archimar-
tyrem caputque Christi confessorum fortiter decertantem sanctum
Georgium, faciens eos duces mihi vitae intercessoresque coram Christo Deo nostro in die iudicii cum omnibus sanctis Christo placenti-
bus et dilectis.   20

12. Et cum omni diligentia necnon magnis sumptibus aedificavi
ecclesias domus mansionis gloriae sub nomine trium simul horum
supermirabilium amoenas ac pulcherrimas pro facultate mea atque
* p. 10 secundum versabilitatem inconstantium * et mutabilium temporum
huius mundi labentis : in provincia Philippopoleos versus partem   25
eius meridionalem in valli valde munita, in finibus vici qui Petrizon
dicitur qui Basilicaris declaratus est, quo sancti summique impera-
tores nostri per suas sanctas authenticas atque venerandas aureas
bullas me donaverant pro operibus meis multo cum sanguine fideli-
ter praestitis. Quippe qui ab aetate iuventutis meae usque ad senec-   30
tutem meam nunquam dubitavi quin sanguinem meum et multorum
cognatorum meorum atque hominum meorum funderem ut placerem
maiestati eorum, ubicumque iussus sum ei servire in Oriente ad
utilitatem et servitium eorum. En vere Graeciae praesto fui et
usque eo quoad captivitatem abii atque cum non paucis consan-   35
guineis meis in manus ethnicorum me tradidi; et si dicam paucos

---

[1] *Matth.*, XI, 11.

tantum nostrum lecto iacentes mortuos esse in pace, qui Graeciae
et vivificatoris ligni hostium manu gladio non periissent, non men-
tiar.

13. Nunc vero, quia Deus me dignum fecit desiderium cordis
mei complere, et perfectae sunt sanctae hae ecclesiae una cum monasterio saepe circumdato et cum cellis, ex multis mearum possessionum
sumptibus, de quibus audeam dicere : ne minimum quidem penus
alienum aut undelibet extortum vel aliud incolis meis servitute
aut angustia oppressis gratuito detractum * adhibitum est ad aedi- *p. 11
ficanda hanc sanctam ecclesiam et monasterium, sed omnia meis
sumptibus facta sunt.

(2) CAPUT
DE LARGITIONIBUS ET DONIS ET LOCIS QUAE DATA SUNT HUIC
ECCLESIAE AC COLLOCATA SUNT IN EA.

14. Dedi ergo et confirmavi sanctae ecclesiae meae ego Gregorius
voluntate Dei sebastus ac magnus domesticus totius Occidentis, filius
animā-benedicti Bacuriani ex meis per aureas bullas mihi con-
cessis lucro et patrimonio meo quae habebam in dominatu pleno et
potestate inconcussa per aureas bullas a tributis libera :

15. Primum in ipsa provincia Philippopoleos castrum dictum
vicum Petrizoni, qui Basilicaris dicitur, totum cum omnibus eius
villis : villam Ivanova, in qua nunc monasterium erectum est, vil-
lam Petrizoni et villam Vačkova, villam Dobrolonghi, villam Dobros-
tani, villam Mossinai, villam Labkova, villam Livorova ; haec omnia
cum eorum confinibus ac limitibus atque cum omni iure necnon cum
ab initio bonis eorum possessis et reditibus iuxta pro eis factam
limitum descriptionem.

16. Dedi etiam cum eo nexum magnum vicum meum Stenimachi
cum eius a me aedificatis duobus castris atque eodem modo similiter
cum villis : Lipitzoni et cum villa sancta Barbara quae * prope *p. 12
Phrenaki iacet necnon cum suis hesychasteriis : sancto Nicolao,
sancto Elia, sancto Georgio supero et infero quod vico adiacet,
omnino eodem modo cum ab initio circumscriptis confinibus suis
et una cum a me posita limite inter eum et secundum castrum
Votinai.

Praeterea dedi castrum quoque Vanskai una cum novo castro

Vrissi et cum omnibus aliis vicis ac villis eius atque cum saltibus
et omnibus confinibus bonisque ab initio possessis.

17. Similiter dedi in Thopholizis, nomine praetorion, vicum qui
dicitur Ğelova una cum omnibus suis largitionibus ac confinibus
omnibusque prorsus bonis. 5

Dedi eidem supra dictae ecclesiae meae in provincia Voleronii
in praesidio Misynopoleos praedium meum Zauzi una cum omnibus
suis confinibus et ab initio possessis bonis plane, et intra castrum
Misynopoleos a me thesauro meo comparata ad domus aedificandas
reservata loca ac domus in eo a me erectas similiterque manu pueri 10
mei Vardani curatoris thesauro meo emptas domus in eodem castro
Misynopoleos atque extra castrum monasterium sancti Georgii quod
iacet in radicibus montis Papikii una cum eius vineis et campis et
hortis et omnibus iuribus possessionibusque. In eadem provincia
Vandi Perithorii dedi praedium meum nomine Mina una cum adiunc- 15
tis terris et campis suis sicut scriptum est in commentario traditionis; eodem modo (dedi) aulam intra castrum Perithonii (positam)
* p. 13 * quae Achsarthani fratris generi nostri fuit una cum omnibus aedi-
ficiis et possessionibus.

18. Haec igitur omnia, quae nominatim supra scripta sunt, dedi 20
supra dicto monasterio meo Iberorum Dei genitricis Petrizoni et,
sicut iam dixi, una cum omnibus eorum confinibus atque ab initio
patrimoniis possessis, iuribus ac eorum iugis, cum omnibus sementi-
bus et cunctis locis et reditibus.

19. Beatus vero frater meus Abasius magister taliter scripserat in 25
suo testamento quoniam : « Ubi frater meus Gregorius voluerit aedificare ecclesiam sepulturae, me ibi sepelitote ». Et una cum aliis
penoribus scripserat et instituerat veluti partem pro anima sua
vicum Prilonghi in provincia Thessalonica, qui est in principatu
Stephaniani, quem ille possidebat per honorabilem et venerandam 30
veridicam bullam auream sibi datam pro praediis quae Antiochiae
reliquerat. Et haec quoque in suo testamento scripserat quoniam :
« Si frater meus non potuerit aedificare ecclesiam et monasterium,
tunc ubi sepultus ero illuc detur hic vicus ».

Attamen cum Deo duce a me aedificata sunt supra dicta haec 35
ecclesia et monasterium meum, ad normam mandati eius fecimus
et huc transtuli reliquarium eius in monasterium ac ecclesiam
sepulturae meae et ibi in sepulcrum deposuimus corpus eius et

sicut oportebat atque decebat magnam meam et multam sollicitu-
dinem pro eo et fervide aestuantem amorem quem in eum habebam,
* sic eum cum honore et dignitate curae habuimus et quae sunt   * p. 14
utilia animae eius omnia instituimus, ac multa manu mea dedi
5 distribuenda ex penoribus pecuniisque meis : primum quando Theo-
dosopoli fui et nunc cum denuo reversus sum in Occidentem.

Nunc vero, ut dixi, vicum illum iuxta instructionem eius monasterio nostro dedimus et sepulturae eius, atque mandavimus ut
oratio multa et missarum celebratio fiat pro eo, sicut infra scriptum
10 est. Dedimus ergo hunc vicum Prilonghi monasterio nostro una
cum omnibus eius castris ac villis, xenodochiis atque omnibus suis
confinibus et ab initio possessionibus et iuribus eius.

20. Scripserat etiam in testamento suo beatus frater meus et
mihi legatum dederat eodem modo ex locis per auream bullam sibi
15 donatis : vicum Zraviki una cum Caesaropoli qui invenitur in
provincia Serai in praesidio Zavaltoni una cum piscinalacu eius
et villa quae dicitur Chlavava, et (Abasius) me constituerat herum
et dominum huius vici et castri.

Sed desiderio et religioso eius amore (ductus). atque etiam eo
20 quod nunquam me acervationi dedi ut annonam huius mundi com-
pararem, quia Deo volente atque fortuna sanctorum summorumque
imperatorum et mea ipsius diligentia et cura nihil mihi deerat neque
acervationem quandam habebam curae, propterea primum dictum
hunc vicum et castrum quae mihi legata dederat (frater meus),
25 institui et dedi eum quoque huic supra dictae ecclesiae et monasterio * meo atque sepulturae eius. Nunc ergo supra dicta castra   * p. 15
et vici et praedia omnia quae obtulimus et dedimus sanctae ecclesiae nostrae et monasterio Iberorum Petrizoni, (horum) omnium
nomina in honorabili ac veridica aurea confirmationis bulla singil-
30 latim conscripta sunt.

21. Multa quoque alia penora instituerat primum dictus beatus frater noster ut ea pro anima eius darentur manu mea ex
acquisitionibus et bonis suis, id est ex thesauro argenti vasorum, ex
vestibus atque omnibus aliis penoribus similiterque quadrupedibus
35 necnon ex rebus omnis generis; quia volente Deo dives erat et
omnia necessaria indeficiens habebat. Nec tamen parvam meam
etiam gazam habebat ille apud se depositam, quandam manu mea
ei datam ac quandam aliam postquam Orientem dux Theodosopoleos

petieram (ei dederam) : omnem reditum praediorum meorum his
annis ipse mandatu meo percipiebat, quoniam nullum eo fideliorem
animae meae habebam neve ille alium quendam me fideliorem habebat. Et quae mea erant apud eum omnia aera prisca erant : Roma-
nati, Monomachi, Ducati sextuplex et Michailati, quorum ex Oriente   5
reversus, post fratris mei obitum ne una quidem unciam inveni
neve ex mea neve ex eius gaza quam ille pro anima sua iusserat
dari. Supra vero relatae acquisitiones omnes quarum nomina sin-
* p. 16 gillatim supra * scripta sunt, sic prorsus dedimus una cum omnibus
penoribus suis, regalibus iugis atque etiam agricolis suis, montibus   10
ac planitiebus, silvis et saltibus pascuisque, vineis et pomariis, molis
atque domibus, lacu terraque, castris et cum omnibus suis aedifi-
ciis atque omnibus possessionibus suis necnon reditibus internis
et externis omnibus mobilibus et immobilibus ac se ipsa moventibus,

22. Pariter obtulimus et dedimus effigies venerandas multas   15
crucesque dominicas plenas reliquiis ligni vivificantis, atque evan-
gelia iberica et graeca quorum plura lapidibus pretiosis plurimo
constantibus et margaritis ac vitro smaltoque instructa sunt, et
multa alia varii generis ornamenta ecclesiae, quae sunt calices et
patenae et turibula ex argento atque lychni pendentes argentei et   20
pocula splendide pretiosa, necnon vestes regales venerandae ab ipso
sancto rege, Domino Alexio Comneno, suis sanctis humeris positae,
mihi missae eo tempore quo Deus sua magna cum potentia auxilio-
que fortis suae dextrae pariterque fato sancti ac summi imperatoris
nostri prostravit ope nostra impium illum ac nimium fortem hos-   25
tem Christianorum atque Graeciae populum Pezinagorum quorum
cladem stragemque ne scriptis quidem mandare possim, quod credo
fore ut post mortem meam per longa tempora memoria teneantur
mirabilia tunc a Deo facta. Aequaliter ea vestimenta dedi quae,
* p. 17 * cum Deus misericordia sua a captivitate Cumanorum me liberave-   30
rat, sanctus rex ac potens sebastocrator frater maiestatis eius mihi
miserat.

Dedimus quoque alias vestes inconsutiles magni pretii aliasque
icones in tabulis depictas, aureis laminis et coloribus pulchre instruc-
tas ad usum et ornatum ecclesiae necnon vasa lychnis apta una   35
cum catenis cypriis et candelabra multa; et horum omnium, quae
ecclesiae nostrae sanctae dedimus, mensuram et formam in hoc
libro singillatim infra inscripsimus.

(3) CAPUT

DE IMMUNITATE MONASTERII NOSTRI AB OMNI GENERE VECTI-
GALIUM ET SERVITUTIS.

23. Post haec omnia mandavi ut ecclesia mea sancta atque cellae
5 laboris et eremi atque monasterium coenobiticum sint ab omni servitute regis et principis, cum iis omnibus supra scriptis ac emolumentis quae conscripsimus et dedimus huic monasterio simul cum
iis omnibus quae ambulant et iacent et se ipsa movent; ut sint ergo
libera, immunia, suae ipsorum dominationis ditionisque, servitute
10 exempta atque nulli vectigali regio subiecta vel patriarchali vel
metropolitano aut episcopali aut coenobiarchae, magis vero libera
et immunia sint a metropolita Philippopoleos adeo ut ne in oratione
litanica quidem liceat nomen eius commemorare, * sed hoc tantum   * p. 18
dicatur : « Memento, Domine, omnium episcoporum orthodoxorum »
15 et cetera. Eodem modo monasterium meum liberum est ab omnibus
principibus et dominis laicis ab infimis usque ad summos, prout
haec omnia confirmata sunt veridicis ac regiis bullis aureis.

(4) CAPUT

DE COMMUNEM VITAM DEGENTIBUS CONVENTUS FRATRIBUS
20 ET DE VITA IN CELLIS SOLITARIA PROHIBITA.

24. Voluntate Dei iuxta mandatum priscorum patrum sanctorum
volui etiam ego vilis ac indignus servus Christi praescribere monasterio meo et in eo habitantibus fratribus ut cuncti communem
simul vitam vivant, cum hegumenus tum fratres; sint sapientes
25 ac prudentes tum in divinis tum in humanis, fideles et una voce ac
mente omni ex parte vitam degentes placidam ac quietam. Et mensa
sit eis una et communis, quia nullo modo volo ut duplex species
panis aut cibi aut aliorum alimentorum conficiatur vel duplex vini
species detur, propterea quod ubi vita habetur communis ibi non
30 licet hi victum potumque meliorem sumant quam illi, neve ipse
coenobiarcha, quoniam potius eum decet maiore excellere humilitate ac disciplina, ut ita alios sub·regula possit continere et conservare.

25. Prohibeo ne frater sibi ipsi locum * quendam curet neve sibi   * p. 19
35 operatum vel quadrupedem acquirat, aut in cellis suis quandam
rem conservent (fratres), quoniam haec cuncta nos foras eicimus :

solum edere et bibere occulte vel publice vel una cum aliis, quia
qui hoc facit, adversatur voto et praecepto quod coram Deo et
hominibus non homines sed angeli in caelis conscripserunt, de quo
rationem daturi sumus ante thronum Christi timendum. Pariter
non licet duas habere supellectiles neve intritam conficere aut extra   5
mensam praeparare vel aliquid cibi ad mensam communem afferre
ibique manducare, ne vice templi sancti ac mensae apostolicae
nundinarum forum fiat hic locus[1]. Sin vero infirmitas vel summa
senectus fuerit causa ut alicui praestetur quaedam consolatio, licet,
paululum tamen.   10

26. Attamen si quis principum vel molliter ac delicate viventium
veniat ut monachus fiat, et tales homines domesticum vel discipu-
lum postulent, non concedimus id. Nam si quis id permiserit et eis
locum dederit, non solum hoc modo inaequalitas et discrepantia
inter fratres irrepet vitaeque communis disciplina mutabitur, sed   15
etiam magnum damnum novitasque non spiritalis introducentur;
atqui loci acquisitionibus vice utilitatis damno magno erit et in eo
habitantibus detrimentum inferetur pertinacia ea quaestusque cupiditate, quoniam propriam ac privatam regulam quaerentes com-
* p. 20 munis regulam vitae et opus in vitium et falsitatem * convertunt   20
et, ut ita dicam, utilia cum arrogantia inutilia declarant. Verumtamen ii potius debent cum Dei timore et sapientia aliorum officium
ministerii suscipere, et esculenta potulentaque in cellis suis non
abdere, neque publice vel clam manducandi desiderio protrahi, quoniam prohibemus ne quis haec omnia habeat et nolumus fratres   25
aliquam rem habeant ad usum proprium publice vel occulte parvam vel magnam, neque vel quidquam ab aliis accipiant vel cuicumque dent beneficium quamvis pauperi. Ne quis ignarus sit
harum rerum quae laudabiles non sunt; diabolicae enim sunt atque
alienae legi et regulae observantiam dissolventes.   30

27. Nam cum nullus habeat facultatem in se ipsum dominandi,
quomodo ille possit dominus esse rerum aliarum prout suarum, et
qui omnia sua reliquerit, quomodo ille possit de re aliena disponere
atque eam uti suam petentibus impertiri? Qui enim semel se ipsum
abnegavit voluntatemque suam, atque iustitiae se dedit, postea vero   35
(se ipsum) ambitione regit, quid aliud talis homo facit, nisi quod se

1 Cfr *Joh.*, ii, 16,

iustitiae subducit et servus peccati fit? Et quam dabit Christus
mercedem tali homini qui suam confirmare iustitiam sataget, iustitiaeque Dei non obediet? Aut quod opus misericordiae aut pere-
grinorum amoris erit hoc, quando quis ne minimum quidem damnum
5　suscipere velit sed loco eius quod pauperi dedit * aliud penus　　* p. 21
postulet a superiore, et pro vetere novum, in vicem inutilis rei
utilem desideret, perverse mercaturas faciens? Nonne ergo mani-
festum est quod, sic agens, sollicitus es non de hospitalitate vel
misericordia in pauperes sed ex quaestus cupiditate et avaritia cum
10　eorum iactura pie mentiris et ob fictum proximi amorem simulas
quasi frigus ac famem patiens. Nonne ergo hoc modo (agens) punien-
dus eris?

28. Expedit ergo et iustum est omnes esse conspicuos magno-
pereque doctrinam hegumeni sequi, atque id solum praeceptum
15　et legem ac divinum mandatum agnoscere quod ille mandaverit,
et non induci quasi sibi indulgentes ad rapinam neque ignorare
communem atque ad omnes pertinentem esse hospitalitatem ac bene-
ficentiam quae fient a servitoribus et curatoribus ecclesiae.

Nunc ergo si quis hanc regulam non observaverit, sed ad maiora
20　manus tetenderit, atque caelestem illam obedientiam perfide pertur-
baverit, neque se corrigere iustitiaeque obsequi voluerit, iste homo
filiatione destitutus, hac fraternitate alienus declaretur atque divino
hoc habitaculo excidatur et eiciatur.

(5) CAPUT

25　DE HEGUMENO MONASTERII QUOMODO ILLE ELIGENDUS ET
CONFIRMANDUS SIT AUT, POST PRIMUM HEGUMENUM, * QUOMODO　* p. 22
SEQUENS CONSTITUENDUS SIT IN EODEM MONASTERII OFFICIO.

29. Vere et iuste expedit ante omnem horum propositorum institutionem, fratribus monasterii superiorem creare selectiorem atque
30　disciplinae amantiorem, quod nobis praeter omnia nimis urgens
videtur. De qua re totam mentem nostram diligentiamque excitan-
tes invicemque sententiam rogantes, hanc invenimus rectam et omni
perturbatione liberam viam. Quamdiu ego conditor supra dicti monasterii vixero, is quem ego instituero (superior) sit et, si cum disci-
35　plina et sinceritate in huius regulae praecepto perstiterit, in officio
hegumeni maneat usque ad diem mortis suae. Sed eum, qui post
ipsum iuxta temporis ordinem constituendus est superior, hora

obitus sui ipse primus eligat tamquam secundum praepositum fratribus dandum pastorem, non tamen ob eius consanguineitatem vel
amicitiam sed cunctis fratribus consentientibus atque approbantibus
(superiorem) faciat eum qui eo tempore capax sit ac excellens
praeter omnes prudens et aequus animo. Verumtamen expedit ei   5
qui fratrum fit superior, potestatem ei in manus translatae pater-
nitatis ita tenere ut ille non sua sponte festinet ad hanc vocationem,
sed, prout superius dixi, electionem ac mandatum exspectet praepositi. Sic enim omnes agant volo, praesertim tale opus hac ratione
perficiant, sed non sine licentia atque consensu diem supremum   10
obeuntis hegumeni.

* p. 23   **30.** * Primo praeposito vita functo, ei (novo) detur potestas
principatus consentientibus ascetis (?) et officialibus monasterii
atque eis qui defuncti animae curatores fuerint.

Praeterea haec etiam dicam. Post extinctum hegumenum a me   15
electum ac constitutum, si accidat ut, improviso e vita discedens, in-
capax sit ita agere et aliquem pastorem gregis creare, tunc fratres
meliores et ascetae necnon docti et animae curatores (omnia) per-
pendentes eligant et constituant hegumenum unum ex fratribus,
hoc facientes iuxta regulam primum a me statutam. Novus vero   20
creatus se teneat et stet haud secus quam si ab ipso defuncto esset
electus ac constitutus.

31. De collocando hegumeno et de eius agendi ratione sic statuimus. Primus hegumenus obiens, id est ad Deum migrans, dum in hac
vita est, omnes fratres una congregat ille et eum qui post ipsum   25
praepositus facturus sit, eis praesentat et admonet eum, ut totum
a nobis antea definitae regulae ordinem observet, iuxta eum conversetur, nullam habens facultatem suo arbitrio disponendi de
quadam re. Et tertio die post sepulturam defuncti hoc modo agendum est cum novo hegumeno : nocturnis vigiliis officioque defunc-   30
torum persolutis, mane hora synaxis, divinum mysterium sancti
* p. 24 altaris conficientes * fratres omnes in medium eum locant et iuxta
ordinem omnes singuli genibus submissis eum venerantur atque
osculantur. Postea vero his peractis, laeti omnes ad triclinium invi-
tantur in Domino et mensa apponitur large Deoque gratias agunt.   35

32. Pro qua re adiuro et hoc doceo primum praepositum eumque
subsequentes ut cum successu et sinceritate gregem pascat spiritalem iusteque agat cum fratribus in ipso Christo Iesu Domino

nostro, qui est aequus scrutator cordium et renum[1] et penetrabilior omni gladio ancipiti, perstringens usque ad divisionem animae. ac compagum et pertransiens[2], et unicuique secundum opera retribuens[3]. Neque indigne et damnose aliquid de grege illo sancto
5 fraternitatis meditetur de quo ne unam quidem curam vel molestiam unquam habuit aut labore suo... [4]

33. Sicut oportet cum magno illo apostolo Paulo dicere cum censura quoniam : « Qui non operatur ne manducet »[5]. Qua de re quae (hegumenus) faciet ita faciat veluti ante oculos Filii Dei ut
10 videantur ab eo. Et omnes cum eo eodem ritu observent regulam et ministerium suum, iuste et sine dolo, quoniam eis suppetit gratia haec. Nam ubi non laboraverunt, (ibi) cum labore et sudore aliorum comparatis delectantur[6] rebus quas alii magna diligentia et multa cura ac sollicitudine congesserunt, quod tantum ii sciunt
15 qui id experimento norunt. His ergo omnibus absque labore et iactura perfruentes utentesque facti sunt. * Propterea eis opus est   * p. 25 Deo semper gratias agere, sicut convenit, atque bonam habere nostri memoriam qui eis causa facti sumus istorum bonorum.

Nonne ergo necesse esset omni homini in iustitia deambulanti per
20 totam suam vitam gratias agere Deo et Salvatori nostro pro eo quod ne minimam quidem curam in electum ac amoenum hunc locum impenderat quaerendum? Nos igitur sumus qui totam curam suscipimus huc illuc euntes totamque nostrarum possessionum regionem perlustrantes, interrogantes quaerentesque locum fratribus quie-
25 tis, quo meliorem commodioremque nusquam invenimus. Hoc nostrum ergo tantum in opere auxilium... [7].

(6) CAPUT
DE COPIA MONACHORUM AC NUMERO QUOS INSTITUIMUS IDEO UT NE DEFICIANT NEVE AB EIS EMOLUMENTUM PRO PANIS PRE-
30 TIO VEL PROUT DONUM PETATUR, ATQUE QUOT EORUM OFFICIA- LES ET MINISTRI CONSTITUENDI SINT ET QUO MORE [8].

34. ... ecclesiae ut ad normam synaxarii omnia perficiat. Sacerdotes vero liturgiam celebrantes sint sex, et archidiaconi duo, qui

---

1 *Ps.* VII, 10.   2 *Hebr.,* IV, 12.   3 *Matth.,* XVI, 27.   4 Pauca desiderantur.   5 2 *Thess.,* XVI, 27.   6 Cfr *Ioh.,* IV, 38.   7 Hic quattuor paginae desiderantur.   8 Totus hic titulus ex pagina septima desumptus est.

sanctuario inserviant atque eis quae ipsis mandata fuerint; alii
subdiaconi (sint) duo sicut et lectores et canonarchae (praecentores?).
* p. 26 Unus vero fidelis ac timens Deum constituatur cimeliarcha * et
arcarius uti custos ecclesiae ornamentorum et sacrarum rerum ac
penorum atque thesauri, ut reditus quavis parte provenientes scrip-   5
tura accipiat scripturaque det. Et alter sit lampadarius et sacrista
qui iuxta mandatum decani custodiat ecclesiae incensa et olium
et candelas ac vinum missae necnon triticeam farinam, atque cum
timore Dei expendat ea ut par est. In magnis vero diebus festis, cum
ministerium ecclesiae auctum sit, coenobiarcha alios quoque fratres   10
adiungat sacristae ut ei sint auxilio. Alter vero sit cellerarius qui
est « ostigani », secundum regulam monasterii insons et fidelis, qui
in custodia habeat panem et lacticinia et intritam necessaria et
oleum, mel atque omnia alimenta alia, et ipse ea expendat cum Dei
timore.   15

35. Alter autem sit cellerarius et pincerna, timens Deum in suo
servitio. Et alter sit tricliniarcha, alter xenodochus, duo sint nosoco-
mi senum aegrotantiumque custodes curatoresque blandi. Alter vero
electus et timens Deum sit observator, (id est) fratrum speculator,
ut per monasterium commeans eos fratrum qui nondum hora matu-   20
tinarum cantus ante initium praescriptarum (orationum) in ecclesia adfuerint increpet et urgeat, ne in ecclesia petenda sint negli-
gentes; atque alia ab hegumeno ei praescripta compleat. Alter vero
sit pistor et alter focarius, alterque ostiarius.

Et alii sint cantores et praecentores atque psalmicines. Hi vero   25
omnes una voce unum idemque sentientes sint sub voluntate Dei et
timore in alterutrius dilectione atque oboedientia auscultantes supe-
* p. 27 riori suo in aedificationem utilitatemque monasterii; * neque quis
eorum adversetur vel parere recuset (hegumeno) in iis quae ad utilitatem ecclesiae sive ad disciplinam et instructionem spiritalem vel   30
servitium corporale monasterii pertinent.

(7) CAPUT

DE SACERDOTIBUS MISSAM CELEBRANTIBUS, QUOMODO ILLI
ELIGENDI SINT AUT QUOMODO EOS OPORTEAT MISSAM CELEBRARE.

36. Hegumeno et fratribus expedit summa cum indagatione eli-   35
gere sacerdotes eosque qui, sancti et probi et digni perfectique
inventi, cum timore Dei divinum illud perficiant mysterium, depu-

tare ad missam celebrandam; propterea quod per eos philanthropus
Deus ac salvator noster redemptor Iesus Christus nobis praestat
salutem animarum nostrarum. Sed si quis eorum temerarius factus
in sacerdotii disciplinam peccaverit, iste homo cohibeatur a sacer-
5 dotio et eius loco alius quidam dignus numero sacerdotum addicatur
ad perficiendum divinum mysterium; iste vero peccator extra
monasterium in hesychasteriis collocetur et ad normam censurae
ecclesiasticae a coenobiarcha ei irrogatae poenitentiam agat atque
indulgentia misericordiaque dignus factus denuo annumeretur ordini
10 fratrum sacerdotium non habentium. Quam ob rem per Deum
vivum immaculatamque eius Matrem adiuro vos patres ac fratres
ne sinatis ut indigne liturgia celebretur in ecclesia mea. Rursus
ne invidia calumniaque ducti neve aliam quandam diabolicam perverse meditantes inimicitiam, quemquam sacerdotum eieceritis e
15 monasterio, * sed vere investigantes probate sacerdotis peccatum,   * p. 28
et ita eum eicite foras.

37. Eo quod totam suam sustentationem corporalem ab ecclesia
recipit sacerdos, expediebat ut omnibus anni diebus pro principatu
liturgiam celebraret. Attamen ad maiorem eorum utilitatem nos
20 ita disposuimus : ut omnibus diebus festis dominicis et solemniori-
bus pro principatu missam celebrent, atque pro eis celebrent ad
quorum utilitatem in hac nostra dispositione id praescripsimus.
Aliis vero hebdomadis diebus : tribus diebus pro principatu oblatio
fiat, feria quarta et sexta et sabbato. (Missa) quam pro nobis praes-
25 cripsimus, pro nobis fiat, quam autem non (praescripsimus), a
quibus ecclesia stipendia pro missarum celebratione acceperit atque
coenobiarcha ecclesiaeque officiales iusserint ac ordinaverint, pro
eis oblationem faciant. Dies ipsa dominica dominicalis est, aliae
vero dies sacerdotum sunt, pro eis celebrent quibus cupiunt.

30 (8) CAPUT

DE MENSA STERNENDA ET DE FAMULIS CUM SILENTIO ET
QUIETE MINISTRANTIBUS.

38. Pariterque opus mensae et famulorum bene perficiatur ad
normam eorum quae de cibariis praecepimus, sicut et nunc a nobis
35 fiunt atque hic statuentes scripsimus. Attamen ad praesens potius
de famulis volumus clare loqui atque quibus ministratur, id est,
qui mensis considunt et qui ministrantes mensis adstant atque de

inspicientium ac dispensatorum bono ordine et firmo statu. Qui
* p. 29 adstantes ministrant, commeantes tranquille agant * sine strepitu
pedum, et qui mensis considunt sedate sumant cibum suum ut
omnia ad gloriam Dei fiant et sale gratiae bene condita [1] sint. De
re autem quis primus vel quis ultimus, id est, quis superius quis   5
inferius considat, non hic quaerendum est, sed talem rem Deus
ipse, exacto iudicio, disponat in futuro. Nulla vero lis nullaque
confusio perrumpat (inter fratres), neve alterutrum despiciant
aliena quaedam meditantes disciplinae monasticae repugnantia dam-
numque inferentes animabus suis, sed invicem honore afficiant secun-   10
dum Apostoli dicta : quia « unusquisque vestrum quaerat non solum
utile suum sed etiam alterius » [2], et sic ille exaltetur humilitate
iuxta mandatum illum Domini : quoniam « qui se humiliat exaltabitur » [3].

39. Similiter regulam legendi librum, dum manducatur, firmiter   15
observent pulchreque in silentio lectioni aurem praebeant. At non
solum in hac re firmam prae se ferant disciplinam, sed etiam in
omni opere et loco, intus et extra, in omni re prudenter conversantes.

Neque panis vel vinum aliaque alimenta quae praescripta sunt
negligentia et assiduitate commutentur, ne id causa fiat ut mona-   20
chi ordinem vitae communis permutent atque huic iam dictae a
nobis· praescriptae regulae aliam regulam substituant.

40. Propterea praescripta lacticinia et caseum per quinque dies
* p. 30 hebdomadis, prout * ab initio prospectum est, ne imminuant neve
ex toto abrogent nisi in diebus ieiunii. Pariterque cibus sumatur   25
quater (per diem?) et tres patinae, quas Deus concesserit, ministrentur atque quattuor penitus dentur cyathi. Volo ut die dominica
mens apponatur splendidior quam aliis diebus, eo quod fratres
tum excubias observantes resurrectionis dominicae cantu et psalmodia obtunduntur. In festis quoque Paschae diebus necnon in   30
duodecim Nativitatis Christi diebus tres vel etiam quattuor patinae
faciendae sunt quas Deus dederit. Ad cenam caseus et si quae
alia habentur apponantur et duo cyathi ministrentur his diebus.
Sin vero hegumenus tunc temporis viderit et alia quaedam adiun-
xerit et licitum duxerit ut ita agat, a nobis ei venia datur sic   35
faciendi ut aegritudo eorum diluatur qui avidiores cibi fuerint.

[1] *Col.*, IV, 6.   [2] 1 *Cor.*, X, 24.   [3] *Luc.*, XVIII, 14.

41. Etsi ex praediis sive pecoribus sive a quibusdam Deum diligentibus vel a consanguineis coenobiarchae vel fratrum aut ab amicis eorum consolatoria cuiusdam generis esculenta vel potulenta in monasterium introducta fuerint, omnia cellerario dari oportet ut
5 ipse secundum normam praescriptam ad usum fratrum ea expendat, vel ipse doni dominus id ad mensam communem afferat et communiter sumant. Hoc modo est agendum ea gratia ne regula communitatis solvatur.

Ipse vero donum afferens vel si alius quidam hospes praesto sit
10 vel ad invisendum patrem vel fratres unus cognatorum eorum sive aliorum sive * amicorum adveniat, expedit fratri quem quis petierit,   * p. 31
eum, quodsi tempore mensae sternendae praesto fuerit, ad communem mensam ducere ibique, ut decet, honore et caritate afficere.
15 Sin vero tempus sternendi mensam non fuerit aut hospes festinans non poterit exspectare, frater eum ducat ad cellerarium et ibi honoret eum ut convenit. Alioquin non licet fratri hospitem in suam cellam ducere ibique caritatem ei ostendere. Si quis monachus hospes venerit, expedit eum per tres dies reficere, quartaque die
20 viatico muniri et in viam suam committere. Sin autem contraxerit morbum, necesse est eum retinere atque blande delicateque tractare donec penitus valetudinem recuperaverit. Sin vero in monasterio mortem obierit cum oratione et psalmodia rite sepeliendus est, ut mercedem accipiat a Deo.

25   (9) CAPUT
DE INDUMENTIS VEL DE PRETIO VESTIUM QUOMODO ID DISTRI-
BUENDUM SIT FRATRIBUS ET DE CALCEAMENTIS.

42. Post haec de pretio vestium nobis cura fuit describendo et de calceamentis atque de tegumentis corporis et de omni re alia neces-
30 saria.

Atque malebamus ut id non fieret per rogam etiamsi multa impensa esset necessaria. Sed ut haec omnia per singulos annos sine immutatione tribuantur omnibus iuxta eorum ordinem, neque fratres causam habeant egrediendi monasterium ut aliquid horum
35 necessariorum sibi comparent vel calceos * quaerentes omnium   * p. 32
limina perambulent sutoribusque taedio sint aut alii alio abeant et sic agentes sibi damnum afferant atque a fratribus se segregent,

ut tandem maiore cum perseverantia ecclesiae huius servorum officia
persolventes permaneant — quamquam supra dicta perficere nobis
fas erat : iuxta disciplinam venerandi monasterii Panagii distribuere
indumenta — nos tamen, non quia hoc praestantius sit et melius
quam ille (usus Panagii), sed pro mutabilitate atque secundum
nostrae aetatis inconstantiam, haec praescripsimus : fratres'in tres
ordines distribuantur et rogam accipiant.

43. Hegumenus monasterii percipiat quadraginta drachmas et
sacerdotes missam celebrantes et duo magni oeconomi ac decanus,
arcariusque necnon alii fratrum principaliorum ex quibus fiat
numerus primi ordinis : animae quindecim; et percipiat unusquisque eorum drachmas viginti. Ordo vero secundus constet etiam ex
quindecim animabus et singuli eorum percipiant quindecim drachmas. Tertius autem ordo numero sit e viginti animabus et unusquisque eorum accipiat decem drachmas, ac tota rogae summa penitus
« stamiloni » sit (?).

44. Quamvis omnis monasterii reditus mense septembri colligatur
et exactio fiat eoque tempore oporteat fratres pretium percipere
indumentorum suorum, attamen, ne fratres negotiandi causa civitatem petant servitumque monasterii deserentes se orationi subtra-
p. 33 hant, praecepimus ut praescriptum indumentorum * pretium gloriosa
Christi resurrectionis die magna dominica, quae est Pascha, sumant
(fratres) : dum a nobis instituta panegyris fit venerandi monasterii
nostri, unusquisque eorum tunc faciat suum negotium et in ea
panegyri emat quidquid sit ei necessarium.

Et quoniam quaestus indumentorum eorum per rogam institutus
est, propterea expedit eis dare licentiam libere disponendi de roga
et de rebus suis antiquis. Sin tamen, temporibus mutatis vel quocumque tempore hegumenus pro roga indumenta dare voluerit, ordinem supra dictum monachorum Panagii qui in quarto capitulo
continetur observent : ut fratres non habeant facultatem res anti-
quas cuidam conferendi, sed ut eas coenobiarchae restituant.

(10) CAPUT
DE TRIBUS QUADRAGESIMALIBUS IEIUNIIS SANCTE OBSERVAN-
DIS ET DE ELEEMOSYNA PAUPERIBUS COTIDIE FACIENDA.

45. Trinos porro sanctos quadraginta dies ieiunii sine vino et olio
servare oportet exceptis sabbato et dominica, quibus diebus ad

consolationem fratrum hora refectionis potulenta praescripta sunt, et unoquoque die distributio cibariorum adstantibus ad ostium monasterii fratribus Christi, qui sunt pauperes, eo quod ipsi sunt causa nostrae salutis et subministratores bonorum futurorum.

5 Magni ergo diebus ieiunii sabbato et dominica eiusdem mensurae alimenta ieiuna, praeter * piscem, apponantur et cyathus ex toto * p. 34 detur; diebus vero quinque sine oleo observent ieiunium. Feria autem tertia et quinta singuli unum cyathum bibant.

46. Sed in Christi Nativitatis quadragesima semel in die man-
10 ducent et hoc faciant hora nona. Et ea die qua dicitur « Deus Domi- nus », duos cyathos bibant ad prandium et unum ad cenam. Tribus vero hebdomadis diebus ab oleo arceamur. Similiter hoc modo ieiu- nium sanctorum Apostolorum tribus istis diebus sine oleo observent; omnes communiter manducent semel in die hora septima bibentes
15 singuli duos cyathos et unum vespere ad cenam.

(11) CAPUT

DE DIEBUS NOSTRAE ECCLESIAE FESTIS ALIISQUE DOMINICIS FESTIS ET ILLUSTRIUM SANCTORUM, UT EOS SOLEMNITER PERA- GANT.

20 47. Praescripsimus ut festivitas ecclesiae nostrae die obitus sanc- tae Dei genitricis fiat atque cupio ut omnes dominicae festivitates ea cum pietate et solemnitate perficiantur quae magnam decet et celebrem ecclesiam nostram. Pariterque magnorum martyrum ac sanctorum commemoratio necnon eadem in pauperes beneficii facien-
25 da elargitio quam singillatim pro omnibus diebus festis instituimus, ne singulis festivitatibus omittantur, cuius normam in fine huius typici particulatim conscripsimus singularum nomine festivitatum.

48. Verumtamen super omnia honoretur festivitas obitus sanctis- simae Matris * Dei, pro qua adiuro omnes qui post nos venturi * p. 35
30 sunt, ne ullo quidam modo de ea aliquid diminuant, sed ut eam, si fieri potest, cum maiore solemnitate, quam a nobis hodie peragitur, colant et celebrent, quoniam festivitatis amici, festumque diem agentes, magna a Deo recipient dona imperituraque hereditabunt bona et ad gratiam pervenient divinam. Similiterque aliorum sanc-
35 torum festa cum solemnitate agant.

(12) CAPUT
DE ECCLESIA SANCTA NOSTRA LUCERNIS AC CEREIS ILLUMINAN-
DA, QUOMODO ID OPORTEAT FIERI, ET DE ORATIONE UT ORAN-
TES NULLA ALIA RE DISTINEANTUR.

49. Oportet igitur omnibus diebus ac noctibus ante imaginem
sanctae Dei genitricis perpetuo tres lucernae inexstinctae ardeant,
una ante magnum sanctuarium, et alia ante cancellos pro imagine
crucifixionis, atque alia ante effigiem Baptistae ad ianuam sacelli
eius, et alia ante sanctum Georgium, et ad tumulum sepulturae
nostrae tres lucernae. Et omnibus anni diebus hora officii matutini
et meridiani atque vespertini una cum supra dictis lucernis singulae
candelae luceant usque ad finem officii, et dum officium absol-
vunt, candelae exstingantur, lucernae vero inexstinctae ardeant.

* p. 36   Eodem modo omnibus diebus per tres orationis horas * coram
iconicis duodecim dominicis festis lucernae ardeant donec oratio
absolvatur. Pariterque diebus illustrium festorum, quotquot lucernae in ecclesia pendent, accendantur et quotcumque candelabra inve-
niuntur candelis impleantur. Die vero festo ecclesiae nostrae maior
fiat illuminatio, idque fiat aliis quoque dominicis festis cum oratione
et psalmodia et aromaticis, atque mensa apponatur splendide plena,
quae Deus dederit.

50. De glorificatione vero Dei et oratione, sicut praescriptae et
provisae sunt, loqui non est necesse. Veluti tributum ac debitum
divinum, observatioque Dei mandatorum, sic eae sunt ineluctabiliter
absolvendae atque in perpetuum inconcusse conservandae : ut ab
invicem (hoc debitum) solvant et ante omnia firmiter teneant praeceptum sanctae Dei glorificationis ad normam et legem quas custo-
diunt fratres honorabilis monasterii Panagii : horam precum matutini, meridiani, vespertini et completorii, horasque diei praescriptas
cum earum sequelis, praeter omnia vero horam oblationis divini
mysterii. Attamen ne alter alterum psallendo praeveniat neve ante
finem cantus unius lateris praecentorum incipiant alterius lateris
praecentores, sed decenter iuxta disciplinam ab eis statutam. Hoc
enim loco denuntiandus est transgressor ille praeceptorum, et incurrat in maledictionem patrum veluti contemptor mandatorum ac
minarum Dei et sic alienus fiat non solum a nostro sed etiam a Dei
praecepto et lege.

* Hoc vero dicimus non de eis qui ob quandam causam iustam   * p. 37
aliquo implicati sunt negotio sive morbo, sive consolandis fratribus
aut hospitibus suscipiendis vel cura pauperum, sed excitamus negli-
gentes arcemusque a segnitate tamquam ex toto legis transgressores.

5   **51.** Consentientes vero huic praecepto admonemus monachos ut
silentium rite observent omni tempore magisque hora sanctae orationis; cavendum est ne ad invicem licite vel illicite loquantur neve
dulce vel alta voce rideant incomposite, ne hoc modo cantus illius
pulchri vocem tranquillamque auscultationem corrumpentes, socii
10 fiant diabolorum; eorum enim est sic agere. Neque orantes aliis rebus
se convertant, sed decenter ac immobiliter cum corpore et anima
divino servitio dediti canticum spiritale Deo offerant.

Verumtamen si quis praeceptum hoc contempserit, incurrat in
censuram atque iuxta sanctorum patrum disciplinam puniatur. Simi-
15 liter vespere sabbati ad dominicam excubiae observandae sunt cum
oratione et psalmodia ac libri lectione.

(13) CAPUT

QUONIAM FRATRES OMNIBUS DIEBUS HEGUMENO OPORTET
CONFITERI COGITATIONES ET OPERA ATQUE OMNES CULPAS QUAS
20 COMMISERINT.

52. Magnopere opportunum ac conveniens est hegumeno cogitatum
fratrum diiudicare * neminemque eorum despicere qui angustiati * p. 38
atque vexati fuerint cogitationibus, sed magis omni die exquirere et
consolari animas eorum de omni inquinamento animae et corporis.
25 Fratres vero tenentur in fide cum corde contrito et animo sincero
omnia errata vulneraque sua ei manifestare, neque abire et confes-
sionem alibi facere velut extranei et non filii patris, et sic fraude ac
dolose agere cum confessione. Quoniam hegumeni est cunctorum
cogitata novisse et omnem aliam operum eorum firmitatem. Neque
30 alteri cuidam licet manifestare cogitata nisi hegumeno soli.

53. Praeterea nemo fratrum sine venia et optione hegumeni sua
sponte manum admoveat alicui servitio, ne forte sibi mortem inferat
aliisque exemplum det inoboedientiae, cum hegumenus sensum cogi-
tationum eius nesciat; quoniam qui sibi aliquid eligit, quid ei
35 utilius sit nescit, quia alteri hoc videtur ita sibi conveniens, alteri
aliter, atque ignorat, quid sibi bonum sit, eligere, quoniam alteri hic
videtur ita sibi socius laboris convenire, alteri iste. Qua in re pru-

dentia et iudicium hegumeni requirantur, quoniam ipse novit omnia bene dirigere.

54. Nunc autem cum quidam fratrum inventi fuerint inoboedientes atque cupidi suam eligendi voluntatem, quomodo poterunt tunc filii liberi patris spiritalis vocari? Quia sponte sua a patria heredi- 5

*p. 39 tate * se segregant ac mentiutur votis Deo datis, eo quod super pauca infidelis etiam super mandata magna improbus ac infidelis erit[1]. De eo enim dicenda sunt suo tempore verba Apostoli : « Quod si infidelis discedit, discedat »[2], secundum fici similitudinem : ut quid igitur inaniter terram occupat inutiliter infructuosa[3], prop- 10 terea quod nihil est eo peius quam qui seniori suo non obtemperet et indecora loquatur contra eum. Excidatur talis homo a fratribus ne proximis suis exemplum sit mali et doctor inoboedientiae, nunquam agens iuxta voluntatem hegumeni, sed suam tantum eligens voluntatem. 15

55. Sin vero hegumenus non est sacerdos, sed monachus simplex, censurae ecclesiasticae ignarus, et eo quod sacerdotis est ligare atque solvere, opus est hegumeno meliorem eligere ex sacerdotibus ascetam ac instructum in rebus censurae ecclesiasticae eumque creare magistrum spiritalem omnium fratrum, ut loco praepositi ei enarrent 20 ac confiteantur cuncta peccata et cogitata sua[4].

(14) CAPUT
DE OPERE MANUALI AC LABORE ET QUOD NECESSE EST PSALLERE IN OPERE.

56. Ii quoque qui corporaliter operantur debent non desistere a 25 psalmodia sed in opere manuali omnino preces fundere ex eo quod

*p. 40 hae sunt incensum mystice * Deo oblatum iuxta sancti Basilii mandatum, angelorumque auxilium postulatrices; quia in domo regia multa sunt vasa quaedam aurea et argentea, quaedam autem fictilia[5]. Propterea hegumeno magna opus est prudentia ut eis viam 30 indicet veritatis, eo quod per vias diversas oportet nos intrare in regnum caelorum[6], quia alter ad hanc tendit virtutem et alter ad aliam et alter quidem ad omnia. Seniori enim opus est quosdam

---

[1] Cfr *Matth.*, xxv, 21.   [2] 1 *Cor.*, vii, 15.   [3] Cfr. *Luc.*, xiii, 7.
[4] Paragraphus 55 deest textui graeco (p. 31).   [5] 2 *Tim.*, ii, 20.   [6] Cfr *Act.*, xiv, 22.

increpare et quosdam adhortari quorundamque vulnera percutere
gladio obiurgationis — cunctaque iuxta mensuram facienda sunt
temporeque oportuno —. alios vero inconstantes et immites in opus
et laborem manualem immittere oportet ut volentes nolentesque ad
5 Deum accedant eo quod *anima laboris cupida propinqua est Deo*
brevique consequitur sanationem.

(15) CAPUT

NE FRATRES SINE MANDATO SENIORIS MONASTERIUM EGRE-DIANTUR.

10 **57.** Attamen hegumenus non sinat inconstantes fratrum sponte
exire atque sicut velint circumire mente instabiles, sed huius modi
consuetudini temerarie dediti inhibendi sunt iuxta mandatum sanctorum et a Deo sancitorum canonum. Verumtamen non in his solum
rebus disciplinandi sunt, sed etiam in omni re alia inoboedientiae
15 ac contumaciae, ut decenter et iuste secundum disciplinam monasticam se gerant. * Omnibus enim communitatis pastoribus uti tribu-   * p. 41
tum impositum est hanc definitam disciplinam non transgredi, sed
iuxta hanc dispositionem greges sibi creditos pascere, videlicet pecca-
tores poenitentia corrigere curamque de eis habere compatientes
20 illis ex tota anima et ex tota mente veluti comparticipibus mem-
brorum suorum, ne in Dei iudicium incidant. Omne enim hegumeni
mandatum lex est immutabilis et instar legis divinae suscipienda
ab oboedientibus communitati omne quod ille praeceperit. Atque ne
id minoris habeant quam legem a Deo sancitam, non licet eius man-
25 data investigare neque eis adversari vel in ea impetum facere;
quod auctoritatis absentiae et temeritatis signum est et lascivia,
quod perturbat et solvit omne bonum, in quos talia agentes iusta
est Dei animadversio.

58. Propterea haec etiam dico et decerno Deo volente : nullum
30 alium volo dominari in eos vel eis imperitare neque disciplinam
oboedientiae volo quondam dissolvi, quoniam monachum non decet
hegumeno aliud quidquam dicere nisi hoc solum : quia peccavi,
condona mihi. Qui enim taliter monachalem vivunt vitam atque hanc
disciplinam in unitate observant, pax et misericordia a Deo sit
35 super eos.

59. Si quis vero fratrum posthac reprehensus sub canone definito
esse nolit sed exsurgens magis magisque tumultuetur * atque senio-   * p. 42

ris reprehensionem immeritatem ducat eamque non potius lucrum et
sibi salutarem consideret ac pastori medicoque adversetur eiusque
animadversionem non suscipiat atque hac de causa cum eo publice
vel occulte inimicitias gerat, quod ego nolim, morbo diabolico laborat
iste homo dans proximo suo aquam lutulentam bibere, cuius gratia   5
scissio in corpus Ecclesiae saepe irrumpit. Talis homo, si post pri-
mam ac secundam vel tertiam quoque exhortationem et castigatio-
nem insanabilis haereat in sua temeritate, prout membrum putridum
excidatur et amoveatur a grege illo divino.

Praeterea sciat post haec servus ille spiritalis qui est hegumenus   10
quod opportune et importune urgere[1] debet ac omni longanimitate
cuncta probare et bonum eligere et ab omni opere malo se abstinere[2]
neque parva quamvis vitia praetermittere, ne modicum fermentum
totam massam fermentet ad malitiam[3].

60. At si quis exinde in magnas res, propria cum optione, manus   15
admoveat ac regulam hanc a patribus statutam despiciat quam
ab initio illi probaverunt et elegerunt nobisque dederunt depositum
divinum tanquam vere infallibilem atque mediam viam regiam, quod
est : a proprio iudicio se abstinere. Omnis enim suum indicium
sequens errat semper et inexpertus est et inconstans. Ex hoc vero   20
* p. 43 cognosci potest : quia sicut oboediens per dictum * ac factum in
omnibus est expertus et inconcussus, ita non sunt admittenda opera
eorum qui extra legem aliquid tractant.

61. De iis qui cum simulatione orant, sicut illi hypocritae.

Si quilibet adsint qui alieni a vita communitatis atque sine ins-   25
tructione hegumeni ascetas simulent in oratione, ut videntibus
persuadeant se inter fratres primos esse et ascetas, hoc modo
errantes a spiritibus malignis rapiuntur adversus quos nobis col-
luctatio est iuxta verbum Apostoli : « Qui tenebrae est, et lumen
sibi arrogat »[4]. Et haec verba sufficiant nobis ad dandum documen- 30
tum ut prudentes simus.

62. Et post haec quoniam sancti ac omnino venerandi monasterii
Panagii disciplina edocti sumus manifeste, et ex eis exemplum est
nobis sumendum qui perfecti esse volumus. Et ut iterum dicam, in
omnibus opus est exquirere omnibusque modis exhortari et ad bonum 35

---

[1] 2 *Tim.*, IV, 2.   [2] Cfr 1 *Thess.*, V, 21-22.   [3] 1 *Cor.*, V, 6.   [4] Cfr
Eph., VI, 12.

dirigere ac mentem terrenis sollicitudinibus sublevare, ut omnia iuxta peculiarem disquisitionem et praceptum hegumeni perficiantur. Nam eius ordinatio et electio aliquid divini est, sicut separatio ab eo mala et vana est. Et haec dico ea de causa quod mens est semper
5 custodienda a cogitationibus immundis quia per eam ducitur ad malum et bonum. Ideo necesse est se subtrahere malo et ad bonum
* tendere ex quo tantus sanctitatis ac iustitiae fructus emergit,   * p. 44 sicut clamat vox illa magna tubae Tarsensis Pauli et nobis indicat quid sit fructus spiritus : quae sunt caritas, gaudium, pax, patientia,
10 benignitas et alia [1].

63. Sed opus cum proprio iudicio et ad finem simulationis operatum, quod sibi fingent ut ab omnibus videantur, omni tempore sequuntur error et germinatio falsitatis, quia extraneis se praebet (talis homo) vanam ambiens gloriam, quorum finis est in iudicio [2],
15 qui pro se ipsis magna desiderant, quod gravius est omnibus rebus. Spectatores enim solos sibi gratos facit falsa fallacique illa opera quam ponit extra patrum praeceptum. Sicut dicit propheta : si enim contorqueas cervices tuas quasi circulum et induaris sacco vel cinerem sternas sub te, ne sic quidem exaudiam te, eo quod non
20 istud ieiunium elegi, dicit Dominus; sed frange esurientibus panem tuum, et egenos induc sub tectum tuum, operi nudos, et a domesticis tuis oculos tuos noli avertere [3], et sic complacebit in te, quia quanto quis [se] humiliabit, tanto maiore quiete quam multitudo aquarum maris voraginis antecellet opera iustitiae; propterea quod
25 quantum quis se praestabit operando tantum exaltabitur in caelum et veluti aquila in altum se extollens altitudinem caeli ascendet, quia humilitas omni tempore sua opera investigatur, * se ipsam   * p. 45 solam considerat eamque castigat.

64. Talis enim est similiter lex sanctorum patrum nostrorum ratio-
30 que ingrediendi regnum caelorum quod introducet nos in loca parata requiei, quibus non solum septem huius vitae labentis temporibus sed pro illo octavo aeternitatis dabitur pars, ad dictum Salomonis [4]. Et dein una cum hac re dominicum illud Salvatoris mandatum : quomodo ipse nos docet et dicit : « Discite a me, quia mitis sum et
35 humilis corde. Tollite iugum meum super vos, quia suave est et onus meum leve, et invenietis requiem animabus vestris » [5]. Nam

---

1 *Gal.*, v, 22.   2 Cfr *Phil.*, iii, 19.   3 Cfr *Is.*, lviii, 5-7.   4 *Eccl.*, xi, 2.
5 *Matth.*, xi, 29.

non solum bona futura concedet nobis Deus, sed etiam hanc vitam
nobis largietur eique profectum dabit, si voluntatem eius faciamus.
Nos autem omne donum bonum et felicem eventum nostrum Deo
tribuere eique nos commendare ac eum omni tempore memoria
tenere debemus, et erit locus noster in pace et habitatio nostra in   5
Sion. Ibi enim confringet Dominus potentias arcuum, scutum, gla-
dium et bellum [1]. Ibi est fides, spes et caritas, ibi divinae illae cari-
tatis desiderium et illuminatio, quia illuminat ille mirifice de
collibus aeternis [2].

65. Nunc autem de mensae alimentis et de statu bono servorum et   10
generice omnium fratrum bono ordine et firmitate atque de omni
alia moderatione ad huc usque scriptum ac praescriptum est a nobis.
De disciplina vero ecclesiastica, quia manifesta est * in omnibus,
breviter loquar. Servitium enim psalmodiae semper attento animo,
in vigilia et caritate, sine ulla remissione, die ac nocte offerre (Deo)   15
oportet secundum gratiam a Deo redemptore datam cuique linguae
ad canendum cantum per ipsum Iesum Christum dominum nostrum,
cuius est gloria in saecula saeculorum.

p. 46

(16) CAPUT

DE OFFICIALIBUS AC CURATORIBUS MONASTERII QUI SUNT   20
OECONOMI ET PROCURATORES.

66. Post haec dicta denuo hoc mando et damnationis periculo
inculco ac praefinio fratribus, qui in nostra eremo commorantur,
ne venerandum nostrum monasterium sine procuratoribus ac oeconomis unquam relinquant, qui sunt praefecti et dispensatores, sed   25
selectos ac peritos constituant tamquam custodes et praefectos foris
et intus, ac post eorum obitum alios seligant eodem modo Deum
timentes et disciplinatos licet sint ex ecclesiasticis vel laicis Deum
diligentes et in loco primorum gubernatores ac curatores monasterii
et sui ipsorum creent, eos (nempe) qui honore praestantiores   30
ac ad gubernandum idonei sint. Et nunquam monasterium sine
hegumeno et dispensatoribus esse volo. Nam non tantum disciplina
est observanda, prout a nobis statuta est, sed etiam de corporalibus
est cura habenda, ut firmiter ea custodiant pro ministris in eo
degentibus, ne in una quadam re egeant necessariis.   35

---

[1] *Ps.* LXXV, 3 (4).   [2] Cfr *Gen.*, XLIX, 26.

* p. 47

* (17) CAPUT

PRAECEPTUM DE VITANDIS EUNUCHIS ET IUVENIBUS.

67. At quae ad eunuchos, qui sunt spadones, et iuvenes non matu-
ros attinent, non tantum a nobis sed etiam a pristinis patribus
5 sanctis iam ab initio vetitum est ne illi in monasterio maneant,
tanquam res scandali obnoxia. Nos quoque eorum definitionem secu-
ti sumus : ut res ita sit in perpetuum, neque servitii quidem causa
suffragamus ut quidam eorum recipiatur inter monachos neque alia
quadam de causa; nam inordinatum et turpe est hoc, et, ut melius
10 dicam, exemplum sequens sanctorum Sciti patrum, quoniam ne huc
iuvenes introduxeritis, eo quod quattuor ecclesiae ab eis eversae sunt [1].
Propterea exemplum scandali relinquere nolumus iis qui nos secu-
turi sunt hegumeni. Nullo modo nec quavis de causa permittimus
eis ut tales recipiant homines per quos suspicio detestabilis excitari
15 possit, ne aditum demus perversitati.

68. Propterea quod, quamvis iam praevie in nostris dispositioni-
bus particulariter de his rebus tractavimus, non a nobis tamen haec
lex statuta est, ut iam dixi, sed legibus etiam civilibus laicorum
visum est hanc legem conservare tamquam rem magnam utilemque.
20 Scire enim debemus res contra leges et a legibus reiectas non esse a
nobis recipiendas, quod signum esset perversitatis. * Quam ob rem * p. 48
praecipimus sub censurae poena eis qui post nos hegumeni et officiales erunt, totique fraternitati atque adiuramus eos per ipsum
dominum nostrum Iesum Christum eiusque matrem immaculatam, ne
25 unquam patiantur, praeter hanc nostram definitam regulam et a
patribus positum praeceptum, ut quacumque ratione et specie aliquid fiat quod non solum animarum suarum damnationis sed monasterii eversionis absolutae et ruinae causa sit, contemptui habitis
his dominicis verbis et hac nostra dispositione perfractaque tremen-
30 da censura ecclesiastica.

(18) CAPUT

DE IMMUNITATE MONASTERII A POTESTATE CONSANGUINEORUM
ATQUE AFFINIUM NOSTRORUM ET AB OMNIBUS VECTIGALIBUS.

69. Volo enim definire ut venerabile monasterium nostrum
35 liberum ac exemptum sit ab omnibus longinquis et propinquis

---

[1] *Apophthegmata Patrum*, Isaac Celliorum, 5 (PG. t. LXV, col. 225).

consanguineis ac cognatis meis, vel genere nomen meum ferentibus,
praesentibus ac futuris, etiamque curatoribus animae meae, necnon
ab omnibus in hoc mundo degentibus hominibus. Nemo (eorum)
partem vel participationem quadam ratione magnam sive parvam
sive singularem cum supra dicto monasterio meo et ecclesia habet,   5
aut cum eius pignoribus et emolumentis. Nemini cognatorum meorum
vel servorum legatum percipientium permitto neque quadam ratione
mando ut, simulato a me sibi legato relicto, incipiat ac nitatur
heredem se praebere vel facere monasterii mei.

* p. 49   **70.** * Si quis vero compareat ac dicat, quoniam : « Non habeo   10
legatum », duodecim folles ut legatum sibi accipiat, nullum aliud
habens ius. Nam ego meum heredem habeo meam ecclesiam ac monasterium (meum), quod cum omnibus possessionibus suis quas ei dedi et
confirmavi, ex indignitate mea Deo obtuli dono et in salutem animae
peccatricis meae, neque fiat ut quivis potestatem habeat ei manus   15
admovendi.

71. Ne cuidam eorum submittatur monasterium meum. Nam hoc
atque tale habitaculum monachis solis ad mansionem perpetuam
constituimus omni tempore liberam atque sui ipsius compotem una
cum iis qui in decursu temporum hegumeni ac officiales erunt   20
in eo atque gubernationem habebunt ad normam nostrae institutionis. Quia non sicut alii quidam faciunt, qui monasteria con-
dunt vel alia quaedam honorabilia sibi comparant eaque in consanguineorum suorum potestatem redigunt, post mortem suam sibi
vicarios dantes iuxta temporum mutabilitatem, ita nos etiam facimus   25
vel instituimus. Absit ut et nos eodem modo agamus. Multum
enim damnum et contra unumquemque pugnandi obnitendique causa
inter eos irrepunt et inimicitiae et scissiones cum unusquisque
eorum dominum omnium se ipsum proclamet, prout et ipse saepe-
numero in iudiciis his oculis perspexi. Et hoc vero omnino indecens   30
est et inutile, eo quod frequenter indignus maiorem successum habet
in contentionibus quam dignus, et iniustus iustum superat. Proptera
nolo locus Deo [dicatus detur] familiaribus meis aut alteri cuidam.

* p. 50   **72.** * Nunc autem, si quis ex certis ac veris cognatis meis sive
meum nomen habens sive ex servis ac pueris meis compareat adver-   35
sarius ecclesiae vel monasterii mei vel vicorum aut villarum eius
aut castrorum, ut in eis domum sibi aedificet, vel coloniam consti-
tuat, vel in eo domicilium collocare velit aut in id dominari, aut

ad cuiusdam generis reditus eorum respiciat eosque arripiat, aut
sibi aequirere desideret magnam quandam vel parvam rem utilem
aut uno vel quodam verbo occupare intendat, primum maledictus
ac anathema sit a trecentis duodeviginti sanctis patribus Niceae
5 congregatis atque eiectus ex omni ordine et fide christianorum; pars
eius sit cum Iuda Iscariota.

73. Et si quis praepositorum monasterii aut fratrum quidam compareat qui praesentem hunc typicum transgredi velit, et fallacia
sensa excogitans festinet sequi cognatum quemdam meum vel alium
10 quemdam extraneum ut aliquid subtrahat vel det cuilibet ex his
singulis quae dedimus ac confirmavimus sanctae ecclesiae et monasterio nostro, aut in id dominari vel in eo pedem ponere velit, ille
supra scriptam maledictionem recipiat et e monasterio expellatur
atque uti traditor et subdolus castigetur veluti transgressor huius
15 nostri typici.

74. Et postea, quoad ea quae ei (*sc.* ecclesiae) legata dabuntur
erecta mobilia vel in terra [serpentia] [sive] se ipsa moventia,
ecclesia mea facultatem habet * comparandi haec omnia atque de   * p. 51
eis disponendi. De quo non credo tantum ingratum ac boni imme-
20 morem aliquem meorum esse ut praeceptum meum transgrediatur.
Omnibus enim benefeci, eos educavi et ad maturitatem perduxi non
eo quod aliquis (eorum) quodlibet ius habuisset vi hereditatis bonorum patriorum sed propter Dei mandatum meamque erga eos bene-
volentiam.

25 **75.** Beatus enim pater noster cum cito mortuus nos parvulos ac
immaturos reliquerat, propterea omnes acquisitiones et penora patris
nostri mater nostra, muliebri morositate ducta, aliis filiabus suis —
sororibus nostris — in dotem dedit, nos autem ab omnibus patriis ac
maternis nudos reliquit et sorores nostrae cum [bonis] suis abie-
30 runt ad maritos [......] iacturam fecerunt in diversis [......] perdi-
derunt omnia etiam.

Ego [labore] ac sollicitudine mea in [Armenia] et Iberia [......]
et postea Graeciam petens necessaria mea quaerebam mihique com-
parabam multis temporibus sic agens. Et haec omnia — sive quaes-
35 tus sive pignora sive dignitas principatus — cuncta a Deo auxiliante
data sunt mihi et oratione parentum meorum atque mea ipsius
multa molestia et angustiis ac sanguinis effusione, nullo vero modo
aliis adiuvantibus vel beneficio mihi collato. Immo   potius omnes

cognati et consanguinei et pueri mei sollicitudine mea ac opera
* p. 52 atque mea ipsius * reprehensione honorem et beneficia a sanctis
imperatoribus obtinuerunt. Quae autem eis contuli vel legatum
dedi (?) quae ipse habeo et quae ecclesiae meae dedi et alia dare
intendo, mea sunt et [mei?] sanguinis pretium et ex meis dedi, 5
cuique ea dedi ac pro anima mea dedi una cum iis ˙omnibus
quae defunctis meis et vivis bona feci, nec vero ex alterius cuiusdam
parte aut proprio obtinui vel dedi.

Ob haec omnia ut monasterium meum liberum sit **ab omnibus**
cognatis meis et extraneis et a parte regia et patriarchali ab omni re 10
publica et principatu, quemadmodum veridicis ac venerandis bullis
aureis id confirmatum est, de quibus mihi non erat opus aliam bullam
impetrare auream pro possessionibus meis praeter primas illas bullas
aureas quas possidebam. Sed eo exquisivi ac consecutus sum a sanctis
regibus nostris peculiariter aliam novam bullam auream ut omnia 15
a me ordinata dispositaque monasterio meo inconcussa et omni sollicitudine liberata usque ad consummationem saeculi conserventur.

(19) CAPUT

DE EO QUOD SI HEGUMENUS ERRET VOTOQUE MENTIATUR, AUT
QUILIBET ALIUS OFFICIALIUM, ET PROFUNDAT PIGNORA MONAS- 20
TERII, ISTI HOMINES DEPONANTUR.

76. Si autem accidat, de quo dubito et quod non exspecto, ut
* p. 53 hegumeni hanc a me * latam legem contemnant [et] qui deberent
esse utilitati fratribus, eis perniciosi evadant, praeceptum licite
datur subiectis fratribus, qui primarii sunt et seniores inter patres, 25
curatores ac periti, consultis id temporis officialibus et ministris,
quorum est cum omni diligentia eos ad profectum ducere, ne sinant
destrui ac everti hoc tam pulchrum coenobiale habitaculum aut
inutile reddi.

77. Si quis autem istis perniciosis hominibus indulserit eosque 30
siverit, non parvam ille a Deo et sancta Dei genitrice luet poenam.
Sicut iam diximus, quodsi (superior) vel minimum monasterii detrimentum neglegat, idque sibi curae non habeat, et quocumque modo
errans animo ferventi non studeat penus ecclesiae conservare negligentia ductus, et penora ecclesiae male ac incaute profundat, atque 35
ornamenta resque pretiosas ecclesiae omitti sinat et facinus bestiae
committat, primum igitur cum lenitate et timore Dei edoceatur iste

ab eis, ac post hanc congruam instructionem, si corrigi nolit, e loco illo sancto amoveatur testimonio unanimi et iudicio omnium generali; et postea, his peractis, vice eius alius dignus in loco eius ponatur ab omnibus cum deliberatione seligentibus.

5 **78.** Hoc pro viribus satis sit nunc dicere hac vice quam secundum prudentiam humanam instituimus ac confirmavimus. Quisnam hominum potest omnia infallibiliter proferre et moderari? * Nam   * p. 54 ante nos iacentia futura cuncta ignota sunt hominibus. Sed ipsos sane ministros ac officiales loci adiuro pariter per Deum vivum ne ulla 10 quadam forma et causa neglectui habeant haec a nobis praescripta. Et si quadam ratione manifeste erret hegumenus neque melius eligens conversetur, sed loco pastoris lupus in greges evadat et penora monasterii imminuat, atque eius acquisitiones profundat, facinus lupi faciens, ne sinant eum monasterii incolae, sed primum vero 15 cum pace et lenitate in Dei caritate eum doceant fraterneque exhortentur, et si corrigi nolit atque formae non temperet(?), reiciatur et a potestate amoveatur communi omnium approbatione officialiumque assentione. Et postea, his peractis, omnium communi deliberatione et cum officialium et curatorum atque peritorum fratrum 20 testimonio introducant et loco eius constituant quem dignum invenerint.

(20) CAPUT
DE IIS QUI PENORA DABUNT OB MISSAM PRO DEFUNCTIS CELEBRANDAM, ET INSTRUCTIO A QUIBUS LICEAT EA ACCIPERE.

25 **79.** Id tantum penus licet sumere et accipere missam celebrantibus quod non sit causa nocendi monasterio neque cuiusdam innovationis, sed (momentum) ad confirmandas has praesentes res et ad perfectionem * Dei servitii, praecipue tamen non ad gravandam   * p. 55 sed ad diligentius absolvendam operam praesentem atque ad utilita- 30 tem animabus offerentium et pro quibus offertur. Haec enim est Deo acceptabilis (oblatio) fructuum quae omnium rerum maximam habet retributionem et non negotiatio detrimenti spiritalis huius modi operis, sed oblatio grata perfectionibus divinis quae conscriptae et definitae sunt pro his rebus. De quo decens et iustum est 35 planius loqui in fine huius libri et conscribere in hac firma regula ut clara et securior sit vobis dies commemorationis coenobitice viventium tempore diei obitus.

(21) CAPUT

INSTRUCTIO ITERUM AD FRATRES (FACIENDA) DE DIE COMME-.
MORATIONIS MEAE ET COGNATORUM MEORUM AC DE CARITATE
FRATRIBUS FACIENDA ET DE REBUS NUMMARIIS QUAE DIE NOS-
TRAE MEMORIAE PAUPERIBUS DISTRIBUENDAE SINT.   5

80. Statuimus ergo ut memoria beati ac bene memorati fratris
mei Abasi magistri fiat die qua mortuus est, vigesimo die mensis
septembris, festo sancti martyris Eustathii. Eo die mensa apponatur magnifica, lauta   et plena omnibus bonis quae Deus dederit.
Ad vesperam fratres bibant singuli duos cyathos, ad prandium quat-   10
tuor. Et quot sacerdotes mystae sunt in monasterio et foris in
* p. 56 hesychasteriis * et vicis ea die omnes pro eo missam celebrent. Et
eo die sepuaginta duae drachmae dentur distribuendae pauperibus, atque vigiliis peractis et liturgia absoluta denuo distribuantur
viginti quattuor drachmae fratribus die memoriae eius advenienti-   15
bus.

81. Desidero etiam de me loqui, quia sicut scriptum est : « Unusquisque secundum suum laborem mercedem accipiet »[1]. Sed quamquam gloriari licet, pro nihilo tamen habetur : Si quis vero gloriatur
in Domino glorietur[2]. Nam vobis ipsis, qui me ab initio novistis, nota   20
sunt bene omnis labor et properantia et defatigatio multo cum
sudore, atque dona Dei quae « non ego, sed gratia Dei mecum »[3]
operata est. Et novi caritatem vestram etiamsi vobis non praescribam
et dicam, vos non oblituros neque neglecturos esse memoriam meam,
quae a vobis facienda est, sed eam sine dubio facturos. Nihilominus   25
tamen cupio ut eam venerabilius faciatis et cum diligentia ac fide
de me recordemini omni tempore et qui post nos venient, rogo eos
omnes veluti patres et fratres ne unquam nos obliviscantur.

82. Verumtamen oportet die nostrae memoriae intelligere fratres
videntes tantam hanc pulchritudinem domus Dei, quae est sancta   30
ecclesia, annuosque eius reditus aliaque penora quorum post Deum
nos facti sumus causa acquisitionis omnium horum bonorum; neque
* p. 57 nos oblivisci. Sed qua die Deus voluerit ut suo dictu * ego Gregorius
mortem obeam, ea die meam faciatis memoriam et dent ad distri-
buendum pauperibus septuaginta duas drachmas atque fratres con-   35

---

[1] 1 *Cor.*, III, 8.   [2] 1 *Cor.*, I, 31.   [3] 1 *Cor.*, XV, 10.

solentur largiter mensa apposita cum cibo et potu pariterque eos qui
venerint ut festum meum celebrent consolentur. Atque vigiliis
peractis absolutaque liturgia fratribus die nostrae commemorationis
advenientibus denuo viginti quattuor drachmae dividantur. Sin
5 vero ex praescriptis pro eo die drachmis vel paratis cibariis, propter
penuriam advenientis populi, aliquid supersit id quoque die subsequenti pauperibus distribuatur, nec ad alium usum adhibeatur.

83. Et similiter quaequae ex omnibus anni proventibus super-
fuerint cum omnia penora ecclesiae fratrumque ad normam nostrae
10 dispositionis expensa et cuncta alia debita necessariaque impendia
facta fuerint, ex his omnibus superfluis, quae remanserint, dimidia (pars) iterum ecclesiae reliquatur usui pro imminentibus inex-
spectatis angustiis et impensis, altera vero dimidia (pars) ex his
omnibus supervacaneis eodem modo pariter tempore meae commemo-
15 rationis dividatur bene merentibus fratribus Christi pauperibus
et derelictis et servis et operariis monasterii atque agricolis eius.
Et omnia hegumenus ac moderatores distribuant cum assensione ac
scientia dispensatorum oeconomorumque.

Attamen cum timore Dei et pura mente inculpabilique voluntate
20 faciant distributionem illam atque sciant qua poena dignus inventus sit iste qui * loculos dominicos habens fur et sacrilega et pro-   * p. 58
ditor domini sui factus est [1], et dein quomodo Giezi lepra castigatus
sit avaritiae causa [2]. Studeant ergo ne ulla huiusmodi res dividenti-
bus illis contingat.

25 **84.** Nunc ergo haec omnia volo indelebilia atque inconcussa ab
omnibus serventur neve ulla quadam ratione aliquid eorum tollatur.
Si autem e fratrum oblationibus vel ex aliorum donationibus col-
ligantur drachmae, non licet ex his supervacaneis pro anima nostra
impensas facere, sed ea conservanda sunt pro fratrum necessitati-
30 bus. Necessaria autem ad nostram commemorationem sumenda sunt
ex proventibus monasterii. Pariter instituimus ut omnibus anni diebus, una cum mysterio liturgiae divino, offeratur pro salute animarum nostrarum tres hostiae maiores quae anaphorae vocantur et excidatur una pro anima mea, altera pro fratre meo et altera pro patre
35 meo Bacuriano. Atque duae illae excisae distribuantur pauperibus et
debilibus ad portas monasterii adstantibus, altera vero fratribus

---

1 *Joh.*, xii, 6; xiii, 28.   2 4 *Reg.*, v, 27.

detur ut eulogia; itemque in omnibus ecclesiis hesychasteriorum
una hostia excidatur pro salute animarum nostrarum sine omni
contentione. Et haec sub censura ecclesiastica et poena cunctae
fraternitati praecipimus observanda pro memoria nostra et ad utilitatem animarum nostrarum ut hac ratione Dei miserationem   5
inveniant.

*p. 59   **85.** Praeterea oportet die festo sanctae * ecclesiae nostrae omnes
sacerdotes liturgiam celebrent pro nobis : pro me et fratre meo et
pro defunctis nostris. Eodemque modo sancto ac glorioso solemni
die Christi resurrectionis Paschae sanctoque die Ascensionis et in   10
Spiritus sancti Adventu et in Annuntiatione ac Christi Nativitate
necnon Epiphania. His sanctis diebus festis omnis liturgia pro
nobis fiat. Pariterque omnes anni sabbati pro nobis offerantur :
unum Sabbatum pro me et alterum pro fratre meo.

Omnibusque diebus in magna ecclesia dum primus celebrans   15
mysterium conficit et populo communionem dat sanctaque reportat,
hoc momento sacerdos nos commemoret nominatim me ipsum fra-
tremque meum et condonationem peccatorum nostrorum imploret
et omnes fratres ei assentiantur. Itemque, precibus matutinis ac
vespertinis absolutis, sacerdotes et fratres omnes mei fratrisque mei   20
memoriam faciant Deoque supplicantes dicant quia : « Condonet
Deus peccata fundatorum nostrorum ».

Die vero magno Feriae Quintae memoria fiat patris nostri ducis
ducum Bacuriani cum oratione ac liturgia. Fratribusque lauta et
conveniens mensa sternatur et eo die viginti duae drachmae pau-   25
peribus distribuantur.

Fratres, mementote angustias et aerumnas et labores meos qui
pro vobis defatigatus sum, cuius mercedem bonam inveniamus vos
memorantes et nos memorati in Christo Iesu domino nostro !

*p. 60   * (22) CAPUT   30
QUOMODO COMMEMORANDI SINT DEFUNCTI HEGUMENI MONAS-
TERII ALIIQUE FRATRES CUM LITURGIA ET ORATIONE.

86. Cum hegumenus monasterii obierit, omnes sacerdotes ac fratres oportet digne et magnifice eum honorent cum cereis et ture,
psalmo ac cantico, totumque officium defunctorum super eo absol-   35
vant. Si unus ex sacerdotibus est ille, eum ad normam ordinis
sacerdotalis sepeliant; sin vero simplex monachus, ad normam ordi-

nis coenobitici. Atque expendant ad eius sepulturam distribuendas
duodecim drachmas, augeantque esculenta et potulenta. Tertio vero
die faciunt pro eo officium defunctorum et excubias, sacerdotesque
omnes liturgiam peragunt pro eo, pariterque die nono et quadra-
5 gesimo necnon anno absoluto iuxta ordinem ecclesiasticum.

Si quis vero fratrum obierit, eodem modo cum oratione et cantu
eum rite sepeliant atque pro eo fiat officium defunctorum cum
vigiliis nocturnis die tertio, nono, quadragesimo et anno absoluto.

(23) CAPUT

10 NE MULIER ECCLESIAM NOSTRAM INGREDIATUR, NEVE MONAS-
TERIUM SANCTIMONIALIUM UNQUAM AEDIFICETUR INTRA FINES
MONASTERII.

87. Penitus ergo nolo mulier ingrediatur ecclesiam meam vel
monasterium quacumque ratione, neque vir uxorem habens habitet
15 intra terminos eius, aut adolescens imberbis, ne usquam scandalum
fiat, sed foris solum in vicis ac villis sint.

* Recuso etiam ne monasterium monacharum intra fines monas-   * p. 61
terii aedificetur, neve hoc usquam fiat ob matrem Ioannis et
sororis Ephremi. Potius et eos decet alio migrare quia a mulieribus
20 omnino non conculcandum creavimus hunc locum, sicut et nos vivi
huic rei iam providimus : quod die tantum festo ecclesiae nostrae
veniant ad orandum, ibique maneant usque ad horam liturgiae,
(qua hora) vero cito exeant festinantes. Hac in re adiuro (omnes)
sub poena censurae ne ullo quodam alio tempore hoc accidat.

(24) CAPUT

25 NE USQUAM IN MONASTERIO COLLOCETUR SACERDOS GRAECUS
VEL MONACHUS, ET QUID SIT HUIUS CAUSA.

88. Praeterea praecipio hoc et lege confirmo ne unquam in monasterio meo domicilium habeat graecus sacerdos vel monachus praeter
30 unum solum monachum qui litteras sciens chartas conscribere et
ab hegumeno ad principem mitti possit de rebusque monasterii
curam habere. Haec autem ea ratione statuo tanta cum firmitate
quod, cum Graeci natura sint violenti et avidi et astuti, timeo ne
quid detrimenti et incommodi offerant monasterio aut adversarii
35 loci evadant idque in ditionem suam redigere conentur, hegumenatu
occupato, vel cum alterius cuiusdam rationis forma et suum facere

* p. 62 monasterium cupiant quod semel et saepius vidimus ab eis * factum propter gentis nostrae innocentiam et cordis simplicitatem. Alioquin Deo favente verae orthodoxiae eorum sequaces sumus ac confessores, eorumque discipuli.

(25) CAPUT

DE FAMILIARIBUS ET COGNATIS NOSTRIS ATQUE PUERIS NOSTRIS IBERIS ORDINEM MONACHICUM PETENTIBUS, QUOMODO EOS RECIPERE OPORTEAT.

89. Si quocumque loco propinquorum familiarium nostrorum quidam in vita sint — loquor de iis qui secundum computationem propinqui nostri dicuntur familiaritatis ratione — et disciplina coenobitica instructi ac edocti, prudentes et periti capacesque sint monasterium moderandi, licitum ac iustum existimo ut illi instituantur hegumeni potius quam alii, et extranei quidam.

Sin autem illi ab ordine sacerdotali et a curatione alieni sint atque non solum in rebus gubernandis imbecilles sed impotentes ac inutiles ad laicam moderationem, perfecteque servire nesciant, absit ut in manus eorum tradatur talis locus. Habitaculum enim hoc ad incolatum coenobitarum ac monachorum praedefinivi ut in aeternum maneat liberum ab omnibus propinquis ac longinquis familiaribus et cognatis meis, neque ulli cuidam eorum obtemperet, sed semper sui ipsius compos et dominus sit omni ex parte.

* p. 63 Sin autem ex supra dictis his cognatis et * pueris meis solum rudes ac simplices quidam Iberi fuerint, ac tonsurari voluerint, atque praestituto numero fratrum aliquis defuerit, tunc magis eos honorare ac suscipere et in loco vacuo collocare licet, ut numerus fratrum quantitatis impleatur. Sed illi iuxta regulam monasterii et unitatis fratrum sub oboedientia hegumeni sint. Numeroque fratrum ne (ullus) unquam desit.

(26) CAPUT

DE RATIONE PONENDA CUM OECONOMO ALIISQUE OFFICIALIBUS AB HEGUMENO ET CUM HEGUMENO A CURATORIBUS ET A FRATRIBUS.

90. Decens et iustum est ut bis in anno magnus (oeconomus) cum oeconomis et ministris rationem ponat semel mense septembri et denuo die Paschae cum timore Dei et iustitia, et ab eis accipiat quid

proventus fuerit, et eis apocham faciat eamque coenobiarchae det,
ac ei rationem reddat ab eoque apocham accipiat magnus oeconomus.
Pariterque coenobiarcha cum timore Dei, curatoribus scientibus,
sumptus faciat ad usum ecclesiae et monasterii, reliqua vero quae
5 non fuerint expensa ad utilitatem et usum monasterii cimeliarchae
et arcario det, ab eoque apocham accipiat.

Quaque Pascha coenobiarcha rationem reddat oeconomo et arcario aliisque fratribus. Itemque arcarius, qui est dochiarius, * ad   * p. 64
calculos vocetur bis anno a coenobiarcha aliisque fratribus. Si quis
10 vero eorum aliquid ex penoribus ecclesiae suum fecerit aut male
disperdiderit, oportet deficientia illa et consumpta ecclesiae restituat, ipseque e servitio suo expellatur.

Et quae supervacanea sint ex proventibus ecclesiae, praeter ea,
quae a nobis statuta sunt expendenda, exceptoque sumptu ad usum
15 et utilitatem ecclesiae licite facto, ea omnia conserventur ut alio
quodam tempore in usum et utilitatem ecclesiae impendantur.

Hoc etiam statuo ne usque ad decem libras aera thesauri usquam
desint monasterio, eo quod ut res seposita ad usum monasterii haberi
debet pro tempore subsequenti. Alia vero quae ex his superflua
20 sint in loca ecclesiae comparanda impendantur.

(27) CAPUT

UT OMNI TEMPORE MEMORIAM AGANT DEFUNCTORUM CUM
LITURGIA ET IN SACRIS MYSTERIIS COMMEMORENT ANIMAS
DEFUNCTORUM CUM ORATIONE PERPETUA.

25 91. Haec etiam peragenda mando vobis patres et fratres, cum
omni testificatione et firmitate atque sub poena censurae, certoque
scribo ut omnino et semper sine praetermissione peragatis mysterium divini sacrificii semperque rite commemorentur animae
defunctorum omnium christianorum in Christo fratrum nostrorum,
30 sicut id * iam ab initio tamquam regulam desuper accepimus idque   * p. 65
usque adhuc gratia Dei in omnibus ecclesiis observatur. Eadem
ratione id et vos custodite quia haec est res pulchra et Domino grata.
At, ab omnibus fidelibus servandum est tale mandatum magisque a
monachis quoniam per id omnis vis adversarii nostri diaboli [1] dis-
35 solvitur.

1 Cfr 1 Petr., v, 8.

92. Similiterque in sacello sancti Ioannis Baptistae unus sacerdos collocetur ut omni tempore sine intermissione memoriam faciat defunctorum. Praeterea omnium fratrum memoria cum vigiliis, officio defunctorum et liturgia peragatur, sicut supra scriptum est. Et non solum hoc, sed si quis fidelium ab extra dona offerat et 5 beneficio penorum monasterio serviat atque id faciat ut sive in oratione memoria sui agatur sive quotannis commemoretur, oportet omnes expansis manibus pro eo orent iuxtaque hoc nostrum praeceptum eius memoriam faciant, in sacris liturgiis. Atque praecipio ut haec omnia indeficientia et immutabilia ab omnibus teneantur 10 qui post nos venturi sunt usque ad consummationem huius vitae temporalis.

(28) CAPUT

DE INFIRMIS AC LONGAEVIS FRATRIBUS QUOMODO ILLI REFOVENDI BLANDEQUE TRACTANDI SINT. 15

93. Fratres vero indebilitati infirmitate vel senectute vel alia
* p. 66 * quadam ratione morborum oppressi, sollicite et blande tractandi ac recreandi sunt cibo potuque. Illi quoque debent esse patientes nec fracto animo conqueri ut ipsi eisque ministrantes communem mercedem accipiant ab iusto iudice Christo Deo nostro, quoniam 20 haec ·est vere voluntas Dei : proximis benefacere, eosque diligere necnon cum amore tractare.

94. Hegumenus vero non solum de corpore curam habere debet, sed animas quoque eorum enutrire verbo doctrinae, et non tantum verbo sed et opere, ut ad instar medici experti animabus eorum 25 mederi possit. Hoc est enim quaesitum nostrum quo omne verbum et opus laboris perfectum evadit et quo nihil est Deo acceptabilius, videlicet incompositos ac vitiosos ad ordinem revocare, vinosos ieiunio exsiccare, iracundos lenitatem ac longanimitatem docere, superbos humilitate exornare. Haec enim est prima sapientia, haec est divina 30 illa philosophia, haec est imago et similitudo Dei, secundum humanam possibilitatem, atque imitatio eius qui langores nostros tulit atque infirmitates nostras sanavit [1] .Quid enim aliud esse potest talis homo nisi vultus Dei, sicut dicit Propheta, quia : « Qui probum eduxerit ex improbitate eius, os meum erit » [2] et imago propter 35 indolem imaginis in similitudinem formae illius primogenitae.

---

1 Cfr *Is.*, LIII, 4-5.   2 Cfr *Ier.*, XV, 19.

* (29) CAPUT

DE TRIBUS XENODOCHIIS A ME AEDIFICATIS, QUAE SUNT DOMUS
HOSPITALES.

95. De hospitio vero quod subter vico Stenimachi ad ambas vias
5 aedificavimus, statuo et definio ut ex sumptibus eiusdem vici Stenimachi pro peregrinantibus ac pauperibus ei dentur omnibus anni
diebus duo modii frumenti, duo metra vini necessariaque ad iusculum, quae Deus dederit ex faseolis et holeribus. Ei assignavi
unum quoque pistrinum ex molis regiis quae sunt in Stenimachi ut
10 ei molenda molat, agricolamque unum iugi dominum exemptum ab
omni alia servitute et molestia in eodem vico ut hospitio tantum
serviat ligna afferendo et aquam aliaque ad servitium necessaria,
unumque hominem fidelem xenodochum ex monachis cuius manu
haec cibaria praescripta distribuantur pauperibus ac peregrinanti-
15 bus. Ipseque sit mente pura et timens Deum, ut cum timore Dei
distributionem illam sine simulatione faciat. Et accipiat cum monasterii fratribus ordinis sui rogam suam ut unus ex tertio ordine.

Sintque in eodem hospitio cubilia multa, fornaculum et furnus
calefacta diebus hiemis ut hospites calere et exsiccari et refici pos-
20 sint. Si quis advenientium viatorum vel hospitum in morbum ceci-
derit, oportet eos refici per tres dies posteaque dimitti. Sin autem
omnino aegrotaverint iterque facere non potuerint, oportet eos
usque eo * teneri et refoveri donec perfecte convalescant.

Prope hospitium in colle aedificetur turris ut in ea omnia penora
25 custodiantur ne quis violentorum peregrinantium contra voluntatem
ea rapiat.

96. Quoad hospitium vero Marmarii quod iacet ad pontem alter-
umque hospitium sancti Nicolai ad lacum quod pro salute animae
beati fratris nostri erexi, statui pariter ut in eis servitium habeant
30 duo monachi, unus hic alter illic, accipiant illi quoque rogam sicut
eam accipit ille Stenimachensis. Atque detur hospitio Marmarii ex
vici Zravaki reditibus cotidie unus modius frumenti unumque
metrum vini, unusque agricola liberetur qui ei sit molitor et ligna-
rius et aquarius et alia hospitio necessaria conficiat.

35 Similiterque hospitio sancti Nicolai detur ex vici Prilonghi proventibus omnibus diebus modius unus frumenti, metrumque unum
vini aliaque ad iusculum necessaria, quae Deus dederit, sive faseolus

sive holus. Agricolamque unum ei liberent ibi quoque qui ei molenda
molat ac ligna afferat aliudque servitium hospitio praestet.

De quo omnes per Deum vivum, per immaculatamque matrem eius
adiuro ne unquam haec statuta hospitiorum abrogentur neve quid
parvi vel magni ex a nobis praescriptis rebus elargiendis minuatur. 5
* p. 69 Confidoque in Deo et * sanctis eius, si propter nullam aliam rem,
huius tamen rei causa, si quis hanc regulam observaverit, Deus causa
boni incolumem ac intactum ab omnibus malis hunc locum conserva-
bit. Sin autem proventus monasterii nostri magis magisque creverit,
hospitalitatis quoque haec disciplina crescat cum eo, si vero id non 10
fiat, tunc quae hic nos mandavimus, nunquam imminuantur, sed
potius inconcusse omnino ac firmiter teneantur. Si quis vero post
nos hanc tantae hospitalitatis legem violaverit, ei magno crimini
detur, nostraque peccata ferat coram Deo.

(30) CAPUT 15

DE PRIMI A NOBIS POSITI HEGUMENI GREGORII VANENSIS COM-
MEMORATIONE.

97. Iam primum a pristinis temporibus nobis dilectus fuit monachus hic beatus Gregorius, ipseque cum fidelitate et ferventi animo
apud nos servierat, ac pro nobis orabat, magisque in hoc a nobis 20
ei imposito officio et in ecclesia custodienda monasterioque aedifi-
cando bono successu crescens et in alacritate operae ei creditae
inserviens ampliorem suavitatem ac amorem apud nos adeptus est.
Hac de causa et nos benignitate et amore eum prosequentes, diem
memoriae eius statuendo edicimus, ut die festo sancti Gregorii 25
* p. 70 Theologi memoria eius agatur. Omnesque sacerdotes * et fratres
splendide eum celebrare debent cum omni ritu et pro eo liturgiam
peragendo, necnon fratres consolari maiore cibo et potu. Atque eo
die dentur impendia distribuenda pauperibus sex drachmae, ac
tempore exitus eius tertio die et nono et quadragesimo annoque 30
absoluto, sicut de aliis hegumenis supra scriptum est, eodem modo et
super eo omnia peragantur.

Si tamen supra nominatus pater omnia quae in hoc praesenti
typico scripta sunt plane immutabiliter custodit, neque vastator
monasterii nostri evadit in magna vel parva re, benedictus sit ille.; 35
sin autem vivus vel post mortem in quodam peccato inventus fue-

rit, loco commemorationis maledictionem recipiat alienusque fiat
ab hoc sancto monasterio ac fraternitate eius.

(31) CAPUT

DE ADOLESCENTIBUS DIACONIS, IN QUO LOCO COMMORARI VEL
5 INSTITUI DEBEANT.

98. Statuimus ergo ut adulescentes discipuli in hesychasterio
sancti Nicolai commorentur, quod est prope castrum. Ibi constituatur sacerdos unus sanctus et asceticus ex senioribus digne missam
celebrans. Et sumat rogam ac nutrimenta aliaque omnia necessaria
10 ad instar aliorum sacerdotum qui erunt in magno monasterio. Ser-
viatque sancto illo templo cantu et benedictione ac in hebdomade
ter pro principatu missam celebret : uno die pro patre meo Bacuriano et altero die pro patruo meo Chvasrovan, alteroque die pro
filio patrui * mei Bacuriano. Et praecipiatur ut a magna ecclesia   * p. 71
15 et ab hegumeno ei dentur tus, oleum et cereus ac farina triticea
necnon vinum merum prout decuerit supra dictam ecclesiam et
templum sancti Nicolai. Maneantque in sancta illa ecclesia sancti
Nicolai una cum sacerdote sex adulescentes ut educentur. Et a
monasterio accipiant alimenta sua ac indumenta, sicut decuerit,
20 dum omnem disciplinam sacerdotalem discant. Ubi vero ad aetatem
pervenerint bonaque educatione adornati erint, tum solum, qui
digni invenientur sacerdotio, sacerdotes creentur et in margnum
monasterium admittantur atque una cum aliis sacerdotibus liturgiam celebrent, si quis deest primum constitutorum sacerdotum
25 numero. Ipsique omnia danda accipiant ad instar aliorum missam
celebrantium. Qui tamen eorum non fuerint digni sacerdotio, dimit-
tantur. At numerus adulescentium in sancto Nicolao instruendo-
rum nunquam minuatur.

(32) CAPUT

30   DE STIPENDIO NULLI DANDO NEQUE EX VENUMDATIS.

99. Etiam hoc recuso nulloque modo permitto ut iuxta regulam
Orientis vel Occidentis monasteriorum hegumenus stipendium det
cuidam fratrum ex emolumentis monasterii : sive agrestem sive terram sive vineam sive hortum vel aliud his simile, ne unitas fratrum
35 solvatur.

Neque cuique assentimur ut ille (aliquid) vendat aut dono det.
* p. 72 Ideoque omni cum firmitate praecipimus * ne talia unquam fiant.
Agricolis tantum qui ecclesiae serviunt ac debita sua persolvunt,
stipendium detur.

(33) CAPUT

DE CHARTA HAC DISCIPLINAE PERATTENTE CUSTODIENDA,
QUAE EST TYPICUS, AC UT IN DIE ECCLESIAE NOSTRAE FESTO,
INITIOQUE TRIUM SANCTARUM QUADRAGESIMARUM, HIC TYPICUS
PUBLICE TOTUS PERLEGATUR.

100. Adiuro per Deum, iuramentumque postulo ab omnibus, ne
quis unquam aliquid his a nobis edictis constitutionibus subtrahat,
neve hos canones transgrediatur. Si quis vero legem hanc violare
voluerit vel praeceptum huius dispositionis mutaverit sive prorsus
aliquid ei subtraxerit sive iota tantum (vel) unum apicem ab eo ade-
merit sive ut totum quidem (typicum) subrepat vel disperdat et huic
monasterio adimere cogitaverit hegumenus aut aliquis fratrum vel
alius cuiusvis speciei homo, ille poenam luat a Deo et ab omnibus
sanctis eius, atque culpis et peccatis meis obnoxius sit coram Christo.

Qui vero perattente et cum timore observaverint hunc a sanctis
patribus statutum typicum et hanc a nobis sancitam definitionem,
ille liber sit a culpa nostra ac benedictus a domino nostro Iesu
Christo cum quo Patrem una cum Spiritu sancto decet gloria,
dominatio et honor, nunc et semper et in saecula saeculorum. Amen.

*
**

* p. 73   101. * De sacris supellectilibus et iconibus et crucibus, omnibusque sanctis ornamentis quae dedimus et confirmavimus et posui-
mus in primum dicta ecclesia et monasterio nostro, pariterque de
quadrupedibus et variis omnis generis rebus quas dedimus huic
sancto monasterio, quae sunt :

Icones aureae chimia aurea instructae duae in quibus habeban-
tur reliqua ligni vivificantis, et alia icon una magna cum chimia
aurea Transfigurationis Domini, et altera icon una magna cum
chimia octangula, et alia icon parva sanctae Dei genitricis cum
foribus in chimia aurea.

Crux una venerabilis magna chimia aurea et margaritis perfusa sancti altaris, atque alia crux una argentea vexilli militaris cum gemmis coccineis; et alia crux lignea auro excusa supraque cum quinque cinereis hyacinthaeis; et alia icon una magna lapidea
5 crucifixionis cum sex foribus; alia icon una magna lignea bracteis argenteis circumscripta sancti Georgii; alia icon una sancti Georgii et Theodori mussivo et argento excusa; aliaeque icones ligneae aurea lamina instructae numero viginti septem. Et cancelli magnae conchae qui habent duodecim mysteria oeconomiae Christi depicta.
10 Calix-patena argentea auro perfusa, cum gemmis ex quibus desunt oculi undecim; calix unus ex iaspide auro ac chimia instructus; alia calix-patena argentea cum imaginibus trina. Cochlear ex argento unum. Turibula * ex argento tria. Navicula turis argentea una. * p. 74 « Durǧi » unum ex argento. Paropsis sanctissimi (sacramenti) una.
15 Lychni ex argento cum suis catenis, unus eorum auro perfusus est.

102. Evangelium unum graecum auro ac chimia exornatus, in quo habentur gemmae magni pretii. Aliud evangelium unum iberice conscriptum; tetraevangelium argento vestitum auro perfusum; aliud parvum tetraevangelium argento tectum; aliud magnum tetra-
20 evangelium uncialibus rotundis scriptum, pariter argento intinctum; aliud evangelium unum excerptum argento exornatum, auroque perfusum; aliud evangelium unum, simpliciter vestitum, excerptum.

Liber unus commentarius evangelii Ioannis capitis. Liber unus Theologus; liber unus sancti Basilii, ethica; alius liber magnus « Mra-
25 valtavi »; alius liber unus : vita sancti Symeonis; alii duo libri sancti Maximi, alii libri duo Climaci; alii duo libri : vita sanctae Dei genitricis; alius liber unus Studitarum.

Alii libri tres menaea; alius liber unus, cantici Octoechos; alius liber unus, Synaxarium; alius liber unus, euchologion. Alii libri
30 duo excerpti Pauli. Alius liber unus, viginti quattuor horarum; alius liber unus, benedictio ecclesiae, argento vestitus; alius liber, Para-clitoni quattuor tonorum. Alius liber unus sancti Isaak. Alius liber unus excerptus « Iadgari ». Liber psalmorum unus.

103. Pallia regia purpurea e villo castoris quattuor, unum eorum
35 auro contextum est; lintea quattuor cum vexillo auro * intincto; * p. 75 vestes attalicae inconsutiles purpureae e villo castoris duae; vestes deauratae ponderosae quinque; vestis attalica alia « trivlati »; alia lodix altaris suta deaurata « durangiti » cum omnibus sanctis acces-

soriis; alia lodix altaris integra (pro unoquoque) amborum sacello-
rum; alia lodix altaris una candida-examitum, quae habet imaginem
sanctae Dei Genitricis cum margaritis; vestis sacerdotalis.

104. Et quae alia dedimus venerandae ac sanctae ecclesiae nostrae:

A rege Michaele crucem in collo ferendam ex venerabili ligno ⁵
vivifico, similiterque a Chotatore legatum datum mihi in collo ferendam crucem e venerabili ligno vivifico, aliamque ab eodem mihi
relictam parvam iconem in qua habebatur aliquid e vivifico sanguine
Christi Dei nostri. Et hae in thecis argenteis deauratis positae sunt
sicut et aliae illae venerandae cruces, ne cuiusdam manus eas tan- ¹⁰
gens perverse tractet.

* p. 76   Dedi crucem « sazolavroi » unam aliam argenteam auro intinc-
tam; dedi canistrum argenteum unum magnum album, aliumque
dedi parvum canistrum argenteum auro tectum et « canini » eius.

Dedi argenteas habenas (?) tres ut pro supra dictis sacris thecas ¹⁵
faciant atque ripidia aliaque utensilia ecclesiae necessaria.

* Dedi trullea ex argento bina; dedi et vasa vitrea honorabilia,
urceum unum e crystallo sculptum, poculum crystallinum simplex
magnum cum pede, alia pocula crystallina cum pede excisa duo,
aliud poculum ex crystallo parvum unum, alium e crystallo parvum ²⁰
sextarium unum exsculptum, aliam crystallinam amphoram unam
ad aquam bibendam cum ore in forma cribri, sextarium « muchami »
unum cum naso, lagonas cum collis angustis duas [amphoras],
muchrution magnum unum poculum, poculum « muchami » magnum
unum, muchrution poculum cum duobus labris in forma naviculae ²⁵
unum, muchrution sextarium alium unum, sextarium vitreum viri-
dem unum.

105. [*De bullis aureis quae asservantur in magna ecclesia Con-
stantinopoleos*].

Aliae bullae aureae pro meis praediis quae in Armeniacis habe- ³⁰
bam; una est pro Lavacaia et altera pro Arnisaki et Martispai;
alia bulla aurea pro monasterio Domnae Euphosianae, quod est in
Chruso-Lvadi; aliae bullae aureae tres regis Michaelis pro Misynopoleos praediis; aliae bullae aureae quattuor pro Philippopoleos
praediis; alia bulla aurea una pro incriminatione potestatis meae ³⁵
in Karse; aliae bullae aureae duae pro mea vindicata potestate in
civitate Karse; alia bulla aurea una pro exemptione meorum praediorum quae habentur Philippopoli et Misynopoli; alia bulla aurea

una pro vico Xantii; alia bulla aurea in Margoni papyro scripta quam pignori habeo. Libelli duo, unus eorum est pro Eudokimo et alter pro vico Cotria.

Semeiosis una regis Michaelis pro incursione:(?) Petzinagi; pariter
5 semeiosis alia una ab eodem rege * pro rebus metropolitae Philippo-   * p. 77
poleos. Alia bulla aurea una Vataniati in qua habetur semeiosis pro Philippopoleos praediis.

Libri regii qui in officii secratario consignati sunt; aliique libri pro varii generis personis sexaginta sex, et tribus aureis bullis pares
10 (libri) pro Orientis praediis.

106. De bullis aureis quae asservantur in nostro monasterio, et sunt hae.

Bullae aureae duae pro incriminatione potestatis meae in magnum domesticatum; bulla aurea altera pro castro Vancai et vico Črvenai;
15 alia bulla aurea una ad comprobanda praedia mea in eisque ad castrum et vicum et monasterium aedificandum; alia bulla aurea pro eadem re ut, auctis praediorum meorum reditibus, sine sollicitudine simus ego omnesque mei homines post me; aureae bullae monasterii nostri Petrizoni quattuor pro dominio et sui ipsius domi-
20 natione et pro plena exemptione eiusdem monasterii et praediorum meorum quae ego huic monasterio confirmavi; alia bulla aurea una pro Spazmai et Pancalizi; aliae bullae aureae duae pro incriminatione nostra et exemptione a ratione reddenda de aerario regio quod impendimus in Cumanis educendis; alia bulla aurea pro incrimina-
25 tione regionis Zmolinae; aliae bullae aureae duae a secretis pro praediis meis Sciconii et Chartphrtikiae; alia bulla aurea uno pro sacris ornamentis monasterii Chachuli; alia bulla aurea * una pro   * p. 78
eo, ut facultatem habeam, sicut mihi placuerit, praedia mea tradendi cognatis meis et servis, licet sint fide Armeni.

30 Aureae bullae aequalis (bulla) una pro praediis Voleroni et Misynopoleos; alia bullae aureae aequalis una pro Phjlippopoleos praediis meis; aliae tres bullae aureae pares (bullae) pro Philippopoleos praediis meis; alia (bulla) bullae aureae aequalis una pro meo principatu civitatis Karnu.

35 **107.** Regium pittacium unum pro exemptione a tributis omnium praediorum meorum; aliud pittacium regium unum pro regione Zmolinai; apocha a rege Michaele trium centenariorum ac viginti septem librarum quos accepimus iussu regis a Crissi Ciliciensi et a

filio Paraphšaphi; alia apocha exactionis regionis Zmolinai; apocha
aerarii trium centenariorum quae Frangi ut dona acceperunt; pro
eadem re pittacium unum et alia varii generis pittacia, semeioses
chartophylacis et liber eius pro illius regionis iudice.

Pittacium Votaniati quod transcriptum est in secretario, scriptum
ad oeconomum Misynopoleos pro praediis meis quae, etsi ex censu
erant praedia, atque decretum ab eodem rege exiit ut, quae cuidam
ex censu data essent ad censum reddi deberent, nostra tamen immutabiliter permanserunt; et hoc pittacium in Sancta Sophia asservatur una cum aliis scriptis iuridicis.

108. Liber memorialis et apocha nostrarum bullarum aurearum alio-
rumque scriptorum iuridicorum quae asservantur in Sancta Sophia.
* p. 79 ⁕ Isocodicon Zravakii, chirographaque eiusdem vici. Isocodicon
vici Prilonghi. Scripta emptionis pro aula Vardani quae est Misynopoli et pro sancto Georgio qui est in Papiki. Practicon et descriptio
limitum praediorum meorum Misynopoleos, itemque apochae pro
oeconomo aerarii libelli (?). Liber exemptionis a tributis pro meis
Misynopoleos praediis. Practicon et traditionis liber Lovacai. Chiro-
grapha et apocha panegyrium Stenimachi. Hypomnema quod fecit
Mesopotamiensis (?) iussu regio inter Phrenacam et vicum Zachariae.

Practicon quod factum est pro eadem re peractum iussu sancti
regis nostri Alexii cum adhuc magnus esset domesticus.

Practicon et limitum descriptio Petrizoni omnium locorum redacta
ab « Ophodophai » iussu sancti imperatoris regis nostri.

Et haec omnia : bullae aureae, et libri iuridici quae in Sancta
Sophia asservantur et·quae in monasterio habentur, omnia sint in
nostro monasterio et ecclesia sub manu coenobiarchae, ut, tempore
venturo, quandocumque necessarium fuerit, ea exhibeant et osten-
dant [1].

109. Scripta est ergo et confirmata regula haec gubernationis
huius venerabilis monasterii nostri Matris Dei Petrizonissae iubente
me Gregorio sebasto magnoque domestico totius Occidentis regionis,
filio Bacuriani, aedificatore supra dicti monasterii et ecclesiae,
* p. 80 ⁕ scriptura graeca et iberica, nono [2] Decembris die, septima indictio-
ne, ab initio annorum sexies millesimo quingentesimo nonagesimo
secundo [3].

---

[1] Quae post haec sequuntur sive non habentur in graeco sive e toto distant ab
eo.   [2] Forsan « mense » sicut videtur ex graeco.   [3] Id est A.D. 1084.

Atque subscripta sunt manu mea supra dicti Gregorii omnes hi typici.

Graeci vero ambo subscripti sunt, post meam subscriptionem, a sancto patriarcha Hierosolymitano beato Euthymio ad confirmanda
5 rataque facienda ea omnia quae in hoc typico scripta sunt, eo praesente apud nos : iussu enim regio Thessalonicam venerat pacem ac amorem inter Francos factum, revertensque in praedia nostra Philippopoleos nobiscum abiit.

Ea vero ratione scriptus est (typicus) graece et iberice, quod cum
10 Iberi sunt et graecum legere nequeunt, scriptum tamen ibericum legere et intelligere debent quae in hoc definitio typico scripta sunt.

Sed praecipimus ut ratum et firmum habeatur scriptum graecum, quia in fine actus ipsum habet obsignationem, atque huic aequale factum et eodem modo redactum est et positum est in venerabili
15 monasterio Panagii quod invenitur in civitate regia a Deo custodita, eo consilio ut denique ibi conservetur in eodem monasterio.

110. Attamen, quod ego nolim, si quis hegumenorum nostri monasterii vel alius quidam fratrum vastator huius supra dicti monasterii Christi Dei nostri sive praediorum eius sive penorum inventus sit at-
20 que despicere * ausus fuerit quaecumque in hoc typico conscripta * p. 81 sunt, aut solvere quidem vel disperdere eum maturaverit, typicus, qui in Panagio asservatur, proferatur et iste homo reprehendatur qui talem iniustitiam patrare ausurus ac facturus sit! atque debite instruatur, et quae abstulerit restituat ipseque e monasterio eiciatur, typicus
25 vero ille in monasterio Panagii reponatur. Et nullo modo volo is extra monasterium vel civitatem regiam exportetur aut abscondatur; propter quod adiuro coenobiarchas qui erunt in nostro monasterio huiusque fratres omnes per ipsam sanctam Dei Genitricem ut voluntas nostra et haec lex ab eis observetur. In hoc ipso monasterio conser-
30 vetur hic typicus monasterii nostri, et si cui opus fuerit hunc typicum foras efferre, cuiusdam rei contentiosae gratia, ex hoc, qui est in monasterio nostro, aequalis ei transcribatur atque ab hegumeno et fratribus comprobetur et hic tanquam ipse typicus exhibeatur. Sicut ergo diximus, ne unquam e monasterio nostro exportari liceat ipse typicus.
35 Rata et firma sunt supra scripta haec Deo volente. Quaterniones omnes ex octonis foliis constant ac nihil ex eis excisum est, neque quis excidere audeat.

*
**

111. Statuimus [1] ergo et praecipimus omnibus post nos venturis hegumenis ac animae nostrae curatoribus monasterium nostrum

* p. 82 habitantibus * ut haec sancta duodecim oeconomiae dominica festa magnificentius agant vigiliis nocturnis, cantu, ecclesiam exornando splendide cereis ac lucernis, atque incenso aromaticisque iucundam   5 faciendo, munifice mensam apponendo, fratresque coenobii benigne consolando, ac pauperibus consulendo beneficiaque largiendo in salutem animarum nostrarum omniumque defunctorum nostrorum. Sic faciant :

Annuntiationis die omnes liturgiam pro me agant. Hoc die mensa   10 sternatur largiter pauperibusque inopibus distribuantur drachmae decem. Atque sex sacerdotibus sacra peragentibus, prout supra scripsimus et instituimus, trinis una drachma (detur).

Christi die Natali omnes sacerdotes missam pro me celebrent. Eo die mensa apponatur splendide et pauperibus egenis distribuantur drach-   15 mae decem atque sex liturgiam peragentibus dentur drachmae duae.

Purificationis die omnes sacerdotes missam pro me offerant, mensa sternatur largiter eo die, pauperibusque distribuantur drachmae decem et sex presbyteris dentur drachmae duae.

Epiphaniae die omnes sacerdotes sacra pro me persolvant. Eo die   20 mensa sternatur lauta, pauperibus distribuantur drachmae decem et sex presbyteris dentur drachmae [duae].

Transfigurationis die omnes sacerdotes missam pro me celebrent. Eo die mensa apponatur liberaliter ac pauperibus distribuantur drachmae decem, presbyterisque sex dentur drachmae duae.   25

Palmarum die omnes sacerdotes liturgiam pro me offerant. Eo

* p. 83 * die mensa sternatur liberaliter, pauperibus distribuantur drachmae decem et sex presbyteris dentur drachmae duae. Hos sex dies festos dominicos pro me Gregorio supra memorati huius monasterii conditore institui, ut pro me agapen hoc modo faciant.   30

112. Et ita eodemque ritu praecipio et confirmo pro beato fratre meo Abasio magistro :

Magnae Parasceves die mensa apponatur convenienter, pauperibusque distribuantur drachmae decem. Et quamvis eo die missae oblatio non perficiatur sed incruenti illius sacrificii renovatio fiat,   35 oportet tamen sex liturgiam peragentibus duae dentur drachmae.

---

1 Omnia sequentia usque ad finem desiderantur in graeco.

Magno Sabbato sacerdotes missam peragant pro fratre meo Abasio. Eo die mensa apponatur liberaliter, pauperibus distribuantur drachmae decem, sex presbyteris dentur drachmae duae.

Paschae die omnes missam pro fratre meo celebrent, mensa apponatur lautissima, pauperibus distribuantur drachmae decem, sex presbyteris dentur drachmae duae.

Ascensionis die omnes pro fratre meo sacrificent, mensa apponatur liberaliter, pauperibus dentur drachmae decem, missam offerentibus drachmae duae.

Spiritus sancti Adventus die omnes pro fratre meo missam offe rant, mensa apponatur splendida, pauperibus distribuantur drach mae decem, sex presbyteris drachmae duae.

Magna Feria Quinta supra scripta est pro beato patre meo Bacuriano decemque [drachmas] pauperibus * dandas scripsimus. Prae-   * p. 84 terea eo die quoque missam celebrantibus dentur drachmae duae.

113. Obitusque die sanctae Deiparae qui est dies festus ecclesiae nostrae sanctae, et in decollatione sancti Iohannis Baptistae, dieque sancti Georgii fratribus monasterii distribuantur duodenae drachmae.

His tribus diebus triginta sex drachmae monasterii nostri monazontibus distribuantur, liturgiam agentibus atque omnibus fratribus iunctim pari modo : duodecim (drachmae) Deiparae die obitus, duodecim die decollationis, duodecim die sancti Georgii.

114. Porro animadvertendum est : si Annuntiatio in die Magnae Feriae Quintae inciderit, e sex sacerdotibus missam celebrantibus tres pro patre meo offerant et tres pro me, eis vero statuta ne desint neve ea quae pro pauperibus praescripsimus singulis diebus festis, sed omnia impendienda distribuantur.

Ita et Magna Parasceve, Magnoque Sabbato atque die Paschae, si Annutiatio inciderit (in hos dies), itidem faciant.

115. Gloria Deo omnia perficienti, gloriaque sanctissimae Dei Genitrici.

INDEX HUIUS TOMI